59372083190069   TRAN

WITHDRAWN
WORN, SOILED, OBSOLETE

CONFESIONES OSADAS

CONFESIONES OSADAS

Yazmín Alessandrini

VERGARA

México D.F. • Barcelona • Bogotá • Buenos Aires • Caracas • Madrid • Montevideo • Quito • Santiago de Chile

Confesiones osadas

1ª edición, agosto de 2010

D.R. ©2010, Yazmín Alessandrini
D.R. ©2010, Ediciones B México S.A. de C.V.
Bradley 52, Col. Anzures, 11590, México, D.F.

www.edicionesb.com.mx

ISBN 978-607-480-101-9

Todos los derechos reservados. Bajo las sanciones establecidas en las leyes, queda rigurosamente prohibida, sin autorización escrita de los titulares del *copyright*, la reproducción total o parcial de esta obra por cualquier medio o procedimiento, comprendidos la reprografía y el tratamiento informático, así como la distribución de ejemplares mediante alquiler o préstamo público.

AGRADECIMIENTOS

A mi Padre, con el más profundo amor y agradecimiento eterno, porque para él y por él vivo.

A Juan Francisco Ealy Ortiz, presidente de **El Universal**, por invitarme a escribir la columna "La política me da risa" y por la confianza de permitirme escribir "La entrevista". A su esposa, Perla, por su cariño y dulzura.

Gracias a Roberto Rock por haber creído en mi proyecto; sin él no se hubieran cristalizado estas entrevistas. A mis compañeros de redacción Joel Hernández, David Aponte y Fidel Samaniego por sus sabias y divertidas sugerencias.

Un agradecimiento muy especial a Jorge Zepeda Patterson, actual director general de **El Universal**, por su decidida aceptación a reiniciar el proyecto.

A mis benditos padres: Qüinto e Isabel.

A mis hermanos: Humberto, Gerardo y Alejandra, por el amor que nos tenemos.

Una vez más a César Gutiérrez, mi amado editor, por creer en mí.

ÍNDICE

CON CURUL

17 Alejandro Encinas
23 Beatriz Paredes
31 **Alejandro Gertz**
35 Bernardo de la Garza
41 Dante Delgado
47 **Amalia García**
51 Demetrio Sodi
55 Emilio Chuayffet Chemor
61 **Josefina Vázquez Mota**
65 Emilio Gamboa
69 Felipe Calderón
77 **María de los Ángeles Moreno**
81 José Luis Soberanes
87 Julio Frenk
93 **Ulises Ruiz**
97 Manuel Espino
103 Marcelo Ebrard
107 **Enrique Peña Nieto**
111 Mario Marín
115 Onésimo Cepeda
121 **Héctor Ortiz**
123 **Juan Molinar Horcasitas**
127 **Xóchitl Gálvez**

SIN CURUL

133 Marinela Servitje
137 **Germán Dehesa**
141 Juanito
145 **José Ramón Fernández**

INTRODUCCIÓN

Los textos que desfilan por estas páginas vieron su primera luz en una sección llamada "¡La entrevista!", la cual nació junto con el suplemento "Dominical" de **El Universal**.

Por azar me enteré de la nueva aventura que este diario estaba a punto de comenzar. Me comentaron que requería de artículos novedosos. Ante este panorama, me propuse conseguir una cita con el director general, Roberto Rock, y aceptó el proyecto. La idea que le planteé fue hacer entrevistas novedosas, diferentes: "Una entrevista en donde escudriñemos más allá de su vida política para llegar a su lado humano".

La idea no le pareció trillada, así que me pidió una lista de personajes. Casi de inmediato la tuve preparada. Se la mostré y la palomeó, aprobando y desechando. Con la selección final empecé a hacer llamadas para concertar fechas para llevar a cabo esas entrevistas.

Después de eso vino el trabajo en redacción. Por fortuna tuve el apoyo del reconocido periodista David Aponte, del cronista político Fidel Samaniego (q.e.p.d.) y, dándose sus vueltas de vez en cuando y tras la junta diaria de redacción, al director de "Opinión" Joel Hernández.

A todos ellos les expuse mi idea y en ese momento empezamos a jugar con el tipo de preguntas que tendría que hacer. Alguno de ellos me decía: "pregúntale de qué color usa los calcetines", "o el sostén", añadía alguien. Fueron sesiones de trabajo en las que nos reímos mucho. Quien tenía el humor más negro de entre nosotros era Joel Hernández —periodista quien además posee una sólida formación como historiador—, pero muy simpático y con mucha chispa. David era el más serio, me proponía preguntas más entrañables. Fidel me hacía una pequeña crónica del personaje que iba a entrevistar.

Como podrán ver, fue un gran trabajo de equipo. Yo analicé muy bien lo que debía hacer. Al principio me imaginé las entrevistas como si fuera **Alicia en el país de las maravillas**: mirando a un espejo para que me respondieran. Me dije: "no, eso es cursi. Además, creo que lo mejor será la claridad y contundencia; lo que espontáneamente salga de mí, que refleje mi forma de ser; lo que en ese momento me nazca preguntar".

Y así nació "La entrevista". Como un espía que entra al ropero y quiere encontrar qué hay adentro de esos castos políticos a quienes no se les puede tocar ni con el pétalo de una rosa.

Las primeras entrevistas parecían irreverentes; los políticos de la alta jerarquía se sorprendían con cada una de las preguntas, porque no estaban acostumbrados a ese estilo. Aun así, respondían; unos con cierta precaución y otros con más desparpajo, de acuerdo con su personalidad.

Recuerdo perfectamente lo que me comentó Beatriz Paredes al terminar la entrevista: "Eres como la niña de la Margarina: llegas toda linda, seriecita y sin más ni más das la mordidota, en donde uno ni siquiera se lo espera". Manuel Espino me dijo: "Preguntaste lo que se te dio la gana, ¿verdad?"

Realmente, nunca fueron entrevistas maliciosas, mucho menos morbosas; no era la idea. La pretensión era, con un toque de picardía, descubrir qué más había detrás de esos personajes de la jerarquía política.

Después de unas cuantas entrevistas ya publicadas, el reconocido periodista y especialista en cultura Nicolás Alvarado me bautizó como **La periodista osada**. De ahí que este libro se llame **Confesiones osadas**, pues considero que los osados fueron los entrevistados al decidir no callar, no guardar silencio ante las preguntas traviesas que se nos ocurrieron. Hay que tener osadía para responderlas, sin duda.

La columna terminó, pero luego de algunos años de estar fuera de **El Universal**, su nuevo director general, Jorge Zepeda Patterson, atendiendo la petición de Juan

Francisco Ealy Ortiz, presidente del periódico, me abrió nuevamente el espacio para reiniciar esta aventura con la columna "¡Sin Máscaras!". Patterson le ha dado todo su apoyo y confianza a éste, que sigue siendo un proyecto novedoso.

Te agradezco profundamente que tengas este libro entre tus manos y espero que te diviertas tanto como yo al hacer las entrevistas para conseguir **Confesiones osadas**.

Te dejo mi correo para que me comentes cuál te gustó más, cuál te hizo reír más y cuál te impactó...

confesionesosadas@gmail.com

CON CURUL

ALEJANDRO ENCINAS

Esta conversación la sostuvimos cuando él era jefe de Gobierno de la Ciudad de México, una de las más grandes y cosmopolitas del mundo. En aquellos días, Alejandro Encinas se consideraba un hombre adulto pero muy joven, quien no había cambiado su forma de ser, a pesar de los varios años que ya llevaba en el mundo de la política, quehacer en el que siempre ha buscado y buscará tender los puentes necesarios que permitan llegar a acuerdos y consensos.

Creo que el gobierno de la Ciudad de México, en mi administración, sigue funcionando de manera regular. Dos factores ayudaron mucho: primero, que hay un equipo que trae una inercia y una dinámica de trabajo muy eficaz. En segundo lugar, hay calidad en el proyecto y en las acciones que tenemos definidas. Andrés Manuel no ha mostrado celos al respecto; al contrario, somos parte de un mismo equipo, de un mismo proyecto; estoy seguro de que seguiremos trabajando juntos más adelante, cada quien tiene su personalidad y manera de ser pero, sin lugar a dudas, estamos en el mismo barco.

Mi manera de ser es tender puentes, buscar el acuerdo, siempre en el ánimo del entendimiento, teniendo claro cuál es el papel que me toca cumplir. Ahora soy jefe de Gobierno de una de las ciudades más grandes del mundo, la prioridad es la ciudad, no me voy a distraer con ninguna otra situación distinta a mi responsabilidad.

No he sentido coraje o algún sentimiento parecido por pensar que pude haber sido candidato presidencial, porque fue una decisión que tomé. Tengo claro no solamente que hay que hacer un buen cierre de Gobierno, sino que cerrar bien esta administración puede ser una contribución importante para un objetivo mayor, que es el de buscar que este proyecto que iniciamos en la ciudad pueda tener una dimensión nacional.

Respecto a si Andrés Manuel sigue siendo el jefe "oculto" de este gobierno, puedo decir que afortunadamente tanto él como yo tenemos entendida nuestra responsabilidad. A él le toca buscar la Presidencia de la República, hacer la campaña electoral. A mí me toca cumplir con mis responsabilidades legales al frente de la ciudad y concluir un proyecto que iniciamos juntos.

Ahora tengo la responsabilidad principal de la ciudad más importante del país. Es verdad, pero entiendo de manera distinta el ejercicio del poder, de como se ejercía anteriormente. Hay formas para ejercer el poder con el fin de servir y formas para servirse de él. Quiero hacer una administración y un gobierno básicamente de servicio público.

¿Cuándo fue a Garibaldi?
Desde la época del ingeniero Cárdenas, por el año 1998.

¿Cuándo se echó unos tragos?
La semana pasada, en la cantina **La Doña.**

Pero, ¿se ha metido a lugares de rompe y rasga?
Hace años que no. Eso sí, conozco la ciudad más de lo que se imaginan.

¿Table dance?
También hace mucho tiempo que no. He conocido alguno, pero no soy aficionado a este tipo de espectáculos. Prefiero ir al cine, es una de mis aficiones.

¿Cuándo se comió un hot dog?
Hace poco y también tacos.

Caminando por la ciudad, ¿no se ha caído en alguno de sus hoyos?
No, pero cuando los veo los reporto de inmediato, esa es parte de la magia de ser jefe de Gobierno, ahora sí me hacen caso y los tapan rápido.

¿Ya se subió al metrobús?
Me subí al de la inauguración y otro día con dos de mis nietos, para que lo conocieran.
¿Y no lo manosearon?

No, al contrario, la gente se sorprendió mucho de que yo estuviera en él.

Porque sabe que ahí manosean a las chicas, ¿verdad?
Sí, lo cual es un abuso inaceptable.

¿Cómo se mueve en Tepito?
Bien, tengo muy buena relación con las organizaciones de comerciantes en Tepito.

¿Cómo se encueraría Alejandro Encinas?
Despacio y en un lugar que no hiciera mucho frío. ¡Ah, caray! Las preguntas no iban en ese tono, pero bueno...

¿Ha comprado piratería**?**
La verdad, esa es una batalla que tengo en la casa. Es cuestión de principios: no comprar nada en la vía pública, pero acepto que incluso en la casa hay algo de **piratería**.

¿Le gustan los masajes?
¡Relajantes!

¿Prefiere hombre o mujer?
Es indistinto.

¿Cómo da el masaje una mujer?
Creo que es cuestión de su capacidad y de la destreza que tenga, no hay grandes diferencias cuando existe una técnica que se sigue.

¿Cómo es su ritmo en el spa?
Ya voy muy pocas veces. Más que spa era un club. Básicamente era caminar, nadar, vapor, sauna. Pero lo que más gusta es el temazcal, sin lugar a dudas.

Pero ahí le piden que se desnude, ¿no le da pena?
Hace mucho tiempo que perdí las inhibiciones.

¿Afrodisiaco?
¡Ecuánime!

¿Fuente de energía?
La vitamina P, revitaliza.

¿Es tierno?
Afable.

¿Sexual?
En alguna medida.

¿Púdico?
Recatado, serio.

Y su esposa, ¿qué dice de eso?
Está feliz, tengo una muy buena relación de pareja, muy estable.

¿Baila?
Por lo general salsa y ese tipo de música.

¿Es joven o traga años?
Tengo 51 años bien vividos y me siento un adulto muy joven.

¿Nunca se lo han tragado los años?
Todavía no, ya llegará su momento.

¿Es comelón?
Sí, y es visible.

¿Es romántico?
Sí, pero objetivo también.

¿Cómo es su vida personal?
Serio, me gusta mucho mi vida privada y mantenerla separada de la actividad pública.

¿Qué lo pone rojo?
Cuando me equivoco.

BEATRIZ PAREDES

En pleno arranque para contender por la jefatura de Gobierno del Distrito Federal, Beatriz Paredes accedió a esta entrevista. Ella es una mujer reconocida como parte de lo mejor de la política mexicana. Habló de sus expectativas ante el PRD, de su relación con el entonces líder del PRI, Roberto Madrazo, y también ubicó en la dimensión que le otorga a Elba Esther Gordillo. Pero no pasó por alto a Andrés Manuel López Obrador, ni las críticas a las maneras de hacer política del PRD. Asimismo opinó de los problemas estructurales y de ineptitud, como ejes del momento mexicano, y de una vieja cultura autoritaria como resultado de una deficiencia de cultura democrática que genera, entre todos los actores, una enorme añoranza del pasado. Pero no es pesimista. Propone generar coalición de gobernantes que permitan que México se inserte como un país viable y vigente durante el siglo XXI, y que no pretendan resolver los problemas de este siglo con fórmulas del siglo XX.

Las elecciones constituyen un referéndum periódico sobre el estado de la democracia, y a mí lo que me resulta muy importante es trabajar por la democratización del Distrito Federal. En la medida en que se propicie una participación más informada, una revisión de opciones y alternativas que impulsen a la gente para ejercer su capacidad de discernimiento y de elección, está coadyuvando a la democracia.

Así, en primer lugar, la decisión de participar buscando la candidatura en el Distrito Federal, una candidatura amplia, no sólo por el PRI sino por otros partidos, básicamente por fuerzas y movimientos sociales en las organizaciones ciudadanas, es una decisión mía. Segundo, a mí me importa la ciudad, encontrar alternativas de solución para los problemas de la ciudad. Me parece muy dramático que sólo se piense en que los políticos participan porque lo único que les interesa es su promoción, su estatus o su desarrollo individual. Ese no es mi punto, mi punto es qué puedo aportar para fortalecer opciones democráticas en esta ciudad, incluso armar una oposición respetable.

Le pedí entrar a la dinámica de la impresión rápida:

Marcelo Ebrard
Es un destacado ex priísta que ahora participa en el PRD y quien tiene importante experiencia en la función pública. Es un hombre inteligente.

Jesús Ortega
Es un individuo que se ha distinguido por ser un importante reformista, ha hecho un esfuerzo para constituir corrientes internas en el PRD, con mayor experiencia en la política nacional y regional, que en el Distrito Federal.

Pablo Gómez
Es el clásico hombre de izquierda que ha aportado mucho a la Universidad. Con formación marxista, responde a una época que existió entre las opciones de izquierda.

Demetrio Sodi
También ha militado en el PRI y ha buscado diversas opciones. Ha tenido una participación importante en la Ciudad de México y generando un espacio, ciertamente, con grados de independencia en el PRD.

Elba Esther Gordillo
En general, creo que el priísmo ha sido muy respetuoso de las circunstancias, las que sean, que ha determinado el que la secretaria general del SNTE tenga otras prioridades. Yo, personalmente, soy muy respetuosa. Ella es una gran dirigente sindical, con una fuerza muy importante dentro del magisterio. Bueno, en la medida en que los grandes sindicatos tienen una presencia importante en el PRI y que ella es una política con amplia trayectoria sin duda, aunque el SNTE desde 1996 no está afiliado al PRI, y desde hace varios años tiene un estatuto que señala su pluralidad, pero hay muchos maestros que siguen militando en el PRI.

Creo que la Ciudad de México está por encima de los partidos políticos y que algo que ha sido lamentable en esta ciudad es creer que los sectores más depauperados pueden clientelizarse por los partidos políticos. Me parece que hay que apostar por la capacidad de discernimiento y de elección individual de los citadinos, hay que lograr que los citadinos se vuelvan ciudadanos.

Estoy convencida de que los elementos básicos de las incapacidades para obtener resultados en esta etapa tienen dos factores: un problema estructural y otro de ineptitud. En el estructural ubico a la infuncionalidad del presidencialismo clásico, en regímenes en donde el presidente de la República no tiene la mayoría absoluta. Pero no sólo me quedo ahí. Creo que hay un problema estructural entre las relaciones del Poder Ejecutivo Federal y el Poder Ejecutivo del Distrito Federal. Por otra parte, pienso que ha habido una enorme ineptitud para poder comprender este problema estructural y general de los mecanismos de negociación y de distensión indispensables.

Considero en términos generales que en México el sistema de partidos está pasando por una etapa muy difícil. Los partidos no consiguen apreciar su identidad. El PAN no logra asumirse como partido en el gobierno, como un partido democrático en el poder. El PRD, cuando tiene problemas de carácter político legal o circunstancial, adopta nuevamente posiciones confrontacionales, volviendo a la estrategia de la movilización, como único expediente de las oposiciones históricas, antes de que fuesen incorporadas a los sistemas formales de participación. Y al PRI le cuesta mucho trabajo reconocerse en la oposición. Creo que los partidos todavía no encuentran plenamente su lugar en el espacio.

En el fondo tenemos muchos problemas simultáneos en el país que corresponden a la problemática de América Latina, en cuanto a la insuficiencia de las democracias representativas formales para poder contener e integrar a un mundo en donde la ciudadanía es mucho más protagónica, en el que los segmentos excluidos están exigiendo espacios para su participación. Hay nuevos poderes fácticos, el peso de los medios electrónicos de comunicación y el cambio en las modalidades de cómo ser interlocutor de la sociedad ha tomado por sorpresa a las élites políticas, así como la incapacidad para superar los momentos electorales y dedicarse al día siguiente a asumir las funciones de Estado por parte de los componentes de los poderes públicos, se dedican a prolongar de manera infinita la controversia partidaria y electoral que finalmente deteriora la capacidad de ejercicio gubernamental.

Somos víctimas de ese estilo en donde los grupos de presión, económicos y sociales preferían ver a una persona y que ésta resolviera todo. Finalmente somos víctimas de 400 años del **tlatoani** y 250 años del virrey, en el siglo cuando no hubo esta noción absoluta de poder. Ya se sabe cómo anduvimos en los siglos XIX y XX por el presidencialismo fuerte. Hay una carga histórica de cultura autoritaria, muy fuerte. Pero, en paralelo a esto, la gente se organiza, lucha, busca oportunidades. Hay realidades conmovedoras, como la de los mexicanos migrantes que se esmeran para encontrar modos de sobrevivir; hay nuevas expresiones de participación en cuestiones concretas. Pero sí, no creo que si no hacemos un esfuerzo monumental para modernizar las relaciones cotidianas de nuestra cultura política, el panorama sea bueno.

¿Qué hay debajo de tu huipil?
A los 17 años un cuerpazo,
ahora algunas llantas.

¿Soltera vencida o convencida?
Soltera, pero no solita.

¿Protagónica?
Hasta donde los demás
me lo permiten.

¿Exitosa?
Relativamente.

¿Cuál es la razón?
Que nunca me la creo.

**El amor y la política,
¿son compatibles?**
La política es una pasión,
el amor es una verdad.
Relativamente compatibles.

**¿Cuáles han sido
tus grandes amores?**
He amado,
soy gente con gran capacidad
de enamoramiento.

¿Tiene tiempo para el amor?
Cada vez menos.

**Los poemas que ha escrito,
¿han sido por amor?**
Sí, sí, soy una enamoradiza.

¿Cocina?
Soy una espléndida catadora.

¿Cantante frustrada?
No soy nada frustrada,
pero siempre pensé dedicarme
a la composición musical.

¿Vanidosa?
No, pulcra.

¿Cachonda?
Sí.

¿La primera locura de amor?
En quinto de primaria me enamoré
del hermano de una compañera.
Si ella lee esto, lo sabrá por primera vez.
¡Ja!, ¡Ja!, ¡Ja!

¿Armas para la seducción?
Depende de quién sea él... lo que más le
gusta a un hombre es que lo escuches.

¿Por qué no te has casado?
Muy joven me di cuenta de que la
política era una actividad muy absorbente
y de tiempo completo;
además, ¡soy muy libre!...

¿No te ves con un bebé?
Sí, me encantan; fui maestra de kínder
a los 17 años.

¿Cómo serías en un matrimonio?
Muy condescendiente,
porque me casaría muy enamorada.

Actualmente, ¿tienes vida en pareja?
Soy gente de criterio amplio...

ALEJANDRO GERTZ

¿Última vez que leyó un libro?
Anoche.

¿Última vez que una mujer le coqueteó?
Esas cosas no se cuentan.

¿Última vez que sintió que tocaba el cielo?
Esas cosas tampoco se cuentan.

¿Última vez que hizo algo por un amigo?
Cada vez que puedo.

¿Última vez que se enojó?
¡Hace un ratito!

¿Cuándo volteó a ver a una mujer que le gustó?
¡Ahorita mismo!

¿Cuándo se arrepintió de algo que dijo a la prensa?
Todos los días.

¿Cuándo fue la última vez que sintió miedo?
Hace mucho.

¿Y alegría?
Todos los días.

¿Última vez que fue al cine?
Hace tiempo.

¿Última vez que soñó despierto?
Todos los días.

¿Última vez que sufrió una decepción?
Es frecuente.

¿Última vez que sintió nostalgia por el pasado?
No.

Algo que le emocionó
El cariño.

¿Cuándo fue la última vez que abrazó a un ser querido y a quién?
A mis hijas, todos los días.

¿Última vez que se sintió cansado?
Anoche.

¿Enemigos políticos?
Ellos lo tendrán que decir.

Padrino político
¡No tengo!

¿Algún animal?
El perro, porque es el mejor amigo del hombre.

¿Silvia Pinal?
Nada que decir.

¿Demanda?
¡Soy abogado!

¿Venganza?
Perdedera de tiempo.

¿Ventaja de ser político?
Habría que preguntárselas.

¿Cuándo juega?
Sólo cuando puedo.

¿Quién le ha dado algún golpe bajo?
El que ha podido.

¿Usted lo ha dado?
No acostumbro.

¿Humildad?
Una virtud extraordinaria.

¿Auto favorito?
Los antiguos.

¿Casos de la vida real?
Sé de algunos.

¿Epitafio?
Hizo lo que pudo.

BERNARDO DE LA GARZA

Decente, poco atrevido o miedoso; más bien diríamos joven con poco colmillo político como para hablar de algunos de sus colegas políticos, Bernardo de la Garza, precandidato por el Partido Verde Ecologista a la Presidencia de la República, evadió contestar qué político le cae mal y a quién considera un miserable, prefirió contestar: "No es que no me atreva, pero creo que no es conveniente, ¿para qué buscar la confrontación?"

En aquellos días de la entrevista, De la Garza contaba con una historia política de tan sólo cinco años: diputado federal, diputado local y secretario de acción electoral a nivel nacional.

Un partido no sólo lo es porque el IFE lo diga o porque haya podido convocar a un sindicado a hacer asambleas, para mí un partido se logra cuando el electorado le da el 2% de la votación. Si Nueva Alianza puede tener esa convocatoria ante el electorado, entonces será un partido respaldado; si no, será un partido hecho por la convocatoria y la organización.

Respecto a los maestros, sostengo que no son de un partido, ni nadie pude pensar que son dueños de los maestros. Dentro del magisterio está el SNTE, que dirige Elba Esther, pero también está la Coordinadora, que es un grupo adverso a Elba Esther y muchos otros maestros que son de otros partidos. El hecho de que la maestra, como ella lo ha señalado, haya contribuido a la formación de este partido de manera importante, no significa que todo el magisterio esté con él.

No me gusta la inequidad, la calidad educativa que no está dando los resultados que se necesitan, difiero en que no se le quiera dar al medio ambiente la prioridad que debe tener. Tampoco estoy a gusto con el asunto de la seguridad, área que no se ha reforzado ni con presupuesto, ni con elementos más profesionales ni mejor pagados. En el asunto del narcotráfico, en los últimos 12 años hemos pasado de ser un país de tránsito a un país consumidor. Me parece que seguirá totalmente coja la política de combate al narcotráfico mientras no se quiera atender el asunto del consumo.

En estos problemas, todos tenemos responsabilidad. Hemos perdido el concepto de la familia, que es donde se promueven los valores. Por ello no concuerdo con que no haya clases de civismo. Si algo necesita este país es promover la civilidad, los valores, la actitud cívica del ciudadano. Repito: lamento mucho que esa materia haya salido, lo que en realidad se necesitaba era reforzarla, no eliminarla de los cursos.

Bernardito...
¿Por qué **ito**?

**Porque eres niño verde
y tienes cara de niño.**
Bueno, pero ya tengo 34 años,
estoy casado desde hace siete
y tengo dos hijos.

Niño verde, ¿igual a parranda?
Tenemos nuestros claroscuros como
todos los partidos y habrá algunos
miembros tan jóvenes que todavía
les guste andar en el reventón,
pero es la minoría; además, se vale.

¿Has estado en algún table dance?
Alguna vez, sí.

¿Eres bien portado?
No ciento por ciento.

¿Te vas a reprimir de algo?
Más bien seré más maduro.

¿Dices mentiras?
En política lo que más vale
es la palabra, la política es de acuerdos.
Cuando tú no tienes palabra para
sostenerlos, ¿qué política puedes hacer?
Un político sin palabra no vale nada
y un mentiroso no tiene palabra.
La mentira es la que ha ayudado a que la
política no sea bien vista por la sociedad.

¿Ves al país como muchos lo llaman, Foxilandia, por ser el presidente un buen hombre?
Yo nunca hubiera permitido que 50 macheteros tiraran un proyecto de interés nacional, como el aeropuerto. No puedes permitir tan poca firmeza de quien tiene el monopolio de la autoridad.

¿Qué hace Bernardo de la Garza por debajo de la mesa?
Depende con quién.

¿No has pensado en cambiar tu imagen de niño?
Sí, me dejé crecer el bigote pero no funcionó, más bien soy lampiño.

¿Eres pasional en los amores?
Sí, mucho.

¿Qué te sobra?
Optimismo.

¿Qué te falta?
Romper el esquema electoral del mexicano que es tripartita.

¿Quién te parece miserable?
Si no hubiera tantos, México no estaría donde está; estaríamos mejor.

¿No te parece que a los niños verdes los ningunean mucho?
Hay quienes tratan de hacerlo, sí, pero no nos dejamos.

Autocrítica
Debo reconocer que a veces somos muy ingenuos, pecamos de ser exageradamente optimistas o no dimensionamos el tamaño del rival, pero yo no los veo tan grandes como todos dicen que son.

¿Eres honesto?
¿Yo? Sí.

DANTE DELGADO

Hombre con emoción, visión y compromiso por el país, Dante Delgado es un mexicano que lucha por encontrar nueva institucionalidad y gobernabilidad para México, un ciudadano que cree que el país debe caminar más de prisa, dar satisfactores a los grupos vulnerables, garantías a los empresarios de este país para que inviertan y reactiven la economía de México, un hombre que cree que la cultura es fundamental porque nos da identidad e idiosincrasia, pero también esparcimiento y sana diversión al pueblo y convertirlo en un factor determinante para atraer turismo internacional que revitalice la economía del país. Dante Delgado es un hombre resuelto a luchar por lo que cree y por sus ideas.

La coalición de Convergencia con el PRD se dio porque trabajamos en un proyecto en el que se establecieron reglas para la nominación del candidato presidencial, se consideró la posibilidad de una candidatura externa o interna, o una coalición. En Convergencia se tomó la determinación de no participar con un candidato interno por las condiciones en que se había dado la polarización política. Iniciamos las pláticas con el PRD sobre llevar a cabo un proyecto de nación en el que los principales planteamientos en materia de desarrollo económico y de visión del país fueran tomados en consideración en la plataforma de la coalición, así que la candidatura de Andrés Manuel López Obrador fue consecuencia de un trabajo político en el que Convergencia había participado.

Convergencia es un esfuerzo que hemos construido hombres y mujeres de diferentes regiones del país, con el propósito de darle un nuevo rumbo a México. Está formado por políticos, académicos, maestros, mujeres, actores y empresarios que no han participado en la vida política.

De mi encarcelamiento en el periodo de Ernesto Zedillo tengo que decir que, más allá de significar lo que sucedió, fue producto del abuso de poder y del ejercicio impune de la autoridad. Estoy orgulloso de que el acuario de Veracruz, el Museo de Ciencia y Tecnología, el Centro de Exposiciones y Convenciones de Veracruz (hoy convertido en el World Trade Center) hayan sido el motivo por el que le quisieron dar sentido delictivo a obras y acciones que son el orgullo de los veracruzanos. Estar en prisión marcó mi vida porque, entre otras cosas, me dio tiempo para hacer las reflexiones que permitieron definir las coaliciones —la del año 2000 fue la primera en México— y contribuir a la alternancia democrática en el país. En la cárcel nunca lloré; siempre tuve la seguridad de que saldría adelante de las falsas y dolosas imputaciones formuladas.

¿Hiciste algo importante durante 451 días que permaneciste en la cárcel?
La base de declaración de principios, el programa de acción de estatutos... pudimos comparar Convergencia con partidos de Europa, de América Latina.

Entonces, ¿Convergencia nació en prisión?
No, antes, cuando el presidente Ernesto Zedillo me propone que, por medio de don Fernando Gutiérrez Barrios, me vaya de embajador a Brasil; cuando digo que no porque voy a seguir con el proyecto es cuando viene el atropello jurídico del que fui objeto.

¿Ahora entiendes a Roberto Madrazo, quien también sufrió un atropello del presidente Zedillo?
No lo entiendo ahora, lo entendí desde el principio. Roberto y yo tenemos una relación cordial y además él sabe que siempre le he hablado con la verdad.

Después de esto, ¿qué piensas de Ernesto Zedillo?
Es el hombre que más daño le ha causado a la economía del país. Generó la deuda del Fobaproa, por falta de visión al tomar la decisión de no jugársela con los deudores mexicanos, prefirió hacerlo con quienes no tenían experiencia en manejo de bancos y no con los deudores, y esto ha traído como consecuencia que haya generado la deuda histórica más

importante de México y el pago de casi 10 mil millones de dólares anuales de intereses de esa deuda. Para mí ha sido uno de los peores presidentes de México.

¿Qué te inquieta?
La pasividad, la indiferencia, la traición, la ambición. Son ejercicios que lastiman a la sociedad.

¿Qué es para ti la dignidad?
Uno de los valores fundamentales que deben darle sentido y rumbo a la vida de todos los individuos, pero también a la vida de la sociedad.

¿De qué estás hecho?
Tengo un carácter y una templanza que me permiten no doblegarme ante las adversidades, creo firmemente en la capacidad de salir adelante cuando hay convicción, pasión y visión.

¿A qué hueles?
A desodorante neutro.

¿A qué le eres fiel?
A mis ideas, principios, causas y luchas en lo social y lo político. Y en lo familiar le soy fiel a mi esposa y a mis hijos.

¿Dante Delgado es un hombre que se faja bien los pantalones?
En la casa soy **mandilón**, de mandil largo, y afuera procuro darle siempre

su lugar a los demás y siempre
me doy mi lugar.

¿Has lavado, cocinado o planchado?
Sí, cuando era **scout**.

¿Aburrido o divertido?
Medio aburridón. En ocasiones,
me dicen: "tienes cara de palo,
¿por qué no sonríes?" A veces, de lo
que más gozo es cuando me río mucho.

**¿Qué sientes cuando
las mujeres te chulean?**
Me siento sacudido emocionalmente
cuando oigo algo así, pero lo agradezco
y además puedo decir que lamentable-
mente así me hicieron mis padres.

Besos... ¿de periquito o de tornillo?
Depende del momento.

¿Usarías condones marca AMLO?
No uso.

¿Tu momento más erótico?
Mi luna de miel.

¿Qué parte de tu cuerpo cuidas más?
La más débil... la garganta.

¿Roncas?
Creo que sí.

¿Eres guapo?
Formal.

¿Qué te da pena?
Una indiscreción.

¿Te has mordido la lengua?
A veces mis problemas son por hablar
y no por callar.

AMALIA GARCÍA

¿Te ha tocado bailar con el más feo?
Con algunos, pero soy incluyente.

¿Qué te excita?
Me apasiona mi trabajo.

¿Mañas?
Soy obsesiva en el trabajo.

¿Cómo duermes?
Duermo bien y cuando despierto es porque sonó el despertador.

¿Qué le preguntarías al espejo?
Cómo sacar fuerza en momentos de dolor por la reciente muerte de mi padre.

¿Eres una mujer echada para delante?
¡Absolutamente!

¿Defectos?
Mi obsesión por el trabajo me impide darme cuenta de que la gente necesita descansar y tiempo libre, aún cuando yo lo necesite también.

¿Eres sencilla y carismática?
Soy una mujer que se siente contenta
al abordar causas, madre de familia.

**¿Ganar la gubernatura
es como ser una niña con globos?**
No, lo veo como un acto
de responsabilidad y como
un reto para hacer bien las cosas.

¿Disfraz?
Sor Juana, por los retos que enfrentó
en esa época tan dura para la mujer,
por su inteligencia y sensibilidad.

¿O por lo recatada?
Hay quienes dicen que así soy.
Yo les digo que soy de Jerez. Así decía
López Velarde: "(...) las mujeres de Jerez,
con la blusa hasta la oreja, la falda hasta
el huesito".

¿Qué parte de tu cuerpo te gusta?
El cabello.

**¿Qué te cambiarías con una cirugía
plástica?**
¡Nada!

¿Consideras que tienes buen cuerpo?
No siempre. Depende qué tanta
actividad tenga: a veces como y otras
no. Tengo un cuerpo que a veces sube
y a veces baja.

¿Cuál sería el perfil del hombre para alguna gobernadora?
Griselda Álvarez, mujer extraordinaria, hablaba de hombres inteligentes, pero para mí, con la edad y vida que he llevado, no creo que haya alternativa.

¿Casada?
No, viuda.

¿Necesitas un hombre cerca?, ¿o te estorbaría?
Tengo un enorme respaldo de la familia de mi hija, de mis hermanos, mi madre y de las amistades.

¿Tienes muchos pretendientes?
No creo. Hay gente con quien tengo amistad y en alguna ocasión pronuncian alguna frase que alienta a uno, pero en general considero que hay una actitud de respeto.

¿Cuándo fue la última vez que te mandaron flores?
Me mandan flores todo el tiempo; sólo amistades, pretendientes no.

¿Te niegas a tener pretendientes?
Quizá tenga alguna resistencia. Tal vez porque me tocó desempeñar una función de gran responsabilidad durante una época cuando las mujeres que estábamos en la política éramos vistas hasta con lupa, pero yo quiero que las mujeres seamos vistas con respeto en la labor que sea.

Si no te dedicaras a la política, ¿qué tipo de hombre te gustaría?
Inteligente, sensible, respetuoso. Valoro mucho la inteligencia en los hombres, la sensibilidad, el respeto. No tolero la prepotencia ni las groserías.

¿Epitafio?
Una mujer que trabajó todo el tiempo y que siguió sus convicciones.

Dicen que de tal palo tal astilla, pero el palo era priísta y la astilla, perredista. ¿Puede sostenerse esto?
Sí, absolutamente, porque independientemente de la militancia partidista yo tengo un referente esencial en mi padre: un hombre honesto, de trabajo, comprometido con causas esenciales y quien mantuvo siempre una actitud honorable.

DEMETRIO SODI DE LA TIJERA

Demetrio Sodi es un hombre con amplia y polifacética carrera en su desempeño dentro de la política aunque, asegura, con principios e ideologías firmes. Hasta 1994 fue militante del Partido Revolucionario Institucional. Cuando lo entrevisté era integrante del Partido de la Revolución Democrática y, por azares de su profesión y aspiraciones futuras, porta el color blanquiazul.

Se considera preparado para gobernar la Ciudad de México, a la que califica de bellísima mujer que necesita cuidar su organismo para mantenerse saludable y atractiva a los ojos de los demás. De manera metafórica se refiere al Distrito Federal como una casa a la que hay que darle mantenimiento para que no sufra el deterioro común por el paso de los años.

Con estatura física promedio de todo mexicano (1.69 metros), Demetrio Sodi se considera un hombre contento, afirma que nunca hay que estar triste, siempre debe uno ser optimista ante los retos de la vida y, sobre todo, felices con la familia.

Yo siempre estoy contento, nunca hay que estar triste. Soy gente que por lo general nunca estoy de mal humor, pretendo estar siempre contento, optimista de la vida, de la política, de mi familia y de mi futuro.

Me he preparado. En el terreno político tengo como objetivo poder gobernar algún día mi ciudad, estoy convencido de que puedo hacer un cambio radical en beneficio de la misma, para que en seis años ésta sea otra: mucho más moderna, con mejor calidad de vida, con muchos espacios públicos. Una ciudad con una gran economía en desarrollo, con amplia promoción del turismo; que ofrezca a la gente seguridad, empleo, mejores niveles educativos y gran calidad de vida. Aunque seis años parecen un corto plazo, no lo es si se llevan a cabo las inversiones que se requieren. ¿Cuál es el problema para que esta ciudad salga adelante? Que haya dinero para invertir. Es como una casa: si se está cayendo, ¿qué se hace para que no se caiga? Uno le invierte, la cuida, le da mantenimiento. A la ciudad no se le ha cuidado, no se le ha dado mantenimiento ni se le ha invertido.

Primero, no creo que los problemas de agua, drenaje y luz tengan que ver con ideologías, pues las calles no se barren con la derecha o con la izquierda. Segundo, yo no he cambiado de ideología —lo sigo diciendo, lo he dicho, tengo una idea y un compromiso de izquierda—, creo que el Estado juega un gran papel fundamental en lograr la equidad y respetar los derechos sociales.

No creo que apoyar a los pobres, ancianos o madres solteras sea populismo, más bien es justicia; el usarlo puede ser perverso, pero el apoyar a la gente de la tercera edad, a la madre soltera, a los niños y a los discapacitados creo que es justicia y no populismo. Una política social implica proteger a los que tienen necesidades, eso en todo el mundo no es populismo sino justicia.

La ciudad es como una mujer bella que tiene problemas en el organismo y que no se le ha dado un buen tratamiento, pero es bellísima. Por ejemplo, no la han pavimentado. Si pavimentamos, le quitamos las arrugas; si limpiamos las calles y el drenaje, le quitamos el mal olor; si invertimos en Chapultepec y en Xochimilco, los haremos más bellos de lo que ya son. A pesar de los horrorosos segundos pisos, sigue siendo una ciudad bella. Hace cuánto que no se invierte en agua, drenaje, pavimento, banquetas, mantenimiento de escuelas, en seguridad, patrullas, camiones de basura, no se ha invertido en nada, no se le ha dado una **manita de gato**. Tiene que ser una ciudad muy ordenada y el orden no es por la fuerza, sino porque todos participamos.

¿Le pondrías prótesis mamarias a la ciudad?
No creo, simplemente haría que surgiera la belleza que la ciudad tiene escondida, oculta por alta de mantenimiento. Se le está dando mantenimiento a Reforma, qué bueno, pero el resto de la ciudad es la de los hoyos, nunca ha habido peor pavimento ni peor olor en la ciudad en toda su historia que ahora.

¿Cómo eres?, ¿ordenado?
Soy ordenado, gente que respeta ciento por ciento la ley, a mí nunca me han acusado de violar la ley, salvo en una vuelta prohibida.

¿Cómo tienes tu casa?
Muy ordenada.

¿Las camisas por color?
Tanto así no, por colores no,
pero tengo mi casa muy ordenada,
vivo sólo y tengo mi casa ordenada.

¿Otro soltero codiciado?
Otro soltero codiciado.

¿Tienes alguna mujer que le intereses?
Tengo cinco millones de mujeres
que me interesan en la ciudad de México,
a ellas me interesa ayudarlas.

¿Tienes estatura?
Sí, no física pero sí...

¿Cuánto mides?
1.69... por ahora.

¿Y de la otra?
Tengo honestidad, ganas de trabajar,
me fascina la ciudad, la gente; decidí
ser político, mi vida ha sido la política,
no me arrepiento, en fin, tengo cosas
que ofrecer y, como todos, tengo
defectos que trataré de erradicar.

EMILIO CHUAYFFET

Hombre culto, lector incansable, aficionado al buen cine, tanto mexicano como internacional; polémico en toda la extensión de la palabra, arrogante, como él mismo se califica. Esa personalidad le ha traído a Emilio Chuayffet, como consecuencia, ser querido por muchos y odiado por otros tantos.

Es un sujeto con temperamento muy fuerte cuando mira a los ojos. Un individuo que seduce fácilmente y sin esfuerzo con su carisma. Por eso digo que tiene el encanto del perverso.

El 22 de diciembre de 1997, la matanza de 45 indígenas chiapanecos en Acteal truncó su camino que, presumía, sería hacia Los Pinos, para suceder a Ernesto Zedillo.

Chuayffet ahí va, unas veces de un lado y otras del contrario, pero siempre con el objetivo de seguir siendo un poderoso político.

Yazmín, aquí estoy con los vigías internos totalmente despiertos y con sus yataganes, preparado para responder a las preguntas, que con esa cara de angelito se le ocurren de repente.

"Zas": viene la pregunta filosa; "pum", ¡caería si no me pongo vivo! Claro, el mar informativo tiene su parte atractiva. No hay política sin información ni información totalmente pura; a veces va mezclada con la picardía, el ingenio y el chisme, hay que decirlo con todas sus letras.

Cuido mi imagen, sí, pero en las mañanas no le pregunto al espejo quién es el más bonito.

Le cuento una anécdota que hasta hoy había callado: Muñoz Ledo llegó al IFE como representante del PRD, tal como es: brillante, simpático, lleno de chispa y me dijo: "Oiga, Chuayffet, ¿por qué admira tanto a don Jesús Reyes Heroles?" Le respondí: "Porque fue el político más inteligente que he conocido". Entonces reviró: "No, don Jesús se veía todos los días al espejo y le preguntaba: 'espejito, espejito mágico, ¿quién es el político más brillante que hay en México?' Y el espejo le contestaba: 'Muñoz Ledo'." Desde entonces, Muñoz Ledo me mandó manzanas envenenadas, pero no mordí ninguna. Así que mejor no le pregunto nada al espejo, mejor que el espejo me diga mis defectos.

Por ejemplo, creo que soy arrogante. Aprender a dominar mis defectos y eliminarlos debe ser un trabajo permanente. No he podido lograrlo. Acaso, matizarlo. No le voy a decir que hago buches de humildad, porque no me lo va a creer. Trato de ser mucho más tolerante y de exponer más crudamente mis defectos. Soy un hombre con sentido del humor, pero soy mucho más agudo cuando me aplico a mí mismo ese sentido del humor. Creo que un hombre que sabe reírse de sí mismo tiene posibilidades de no perderse en la arrogancia.

Soy obsesivo, pero ahí está parte de la verdad y parte del chisme. No es que no soporte que nadie me gane, porque ya me hubiera vuelto loco. La vida y la realidad te enseñan que siempre en muchos campos, quizá en todos, hay quien te gane. El problema de la obsesión es que era yo el que me exigía a mí mismo y eso no era muy buen camino, sobre todo cuando eres joven. Por ejemplo, tenía examen de matemáticas, y a las ocho de la noche del día anterior ya estaba listo, con mi libro de Baldor, y todavía me echaba mis repasaditas a las cinco de la mañana. El examen era a las siete. Ahora lo veo y está claro que eso era una exageración, pues ya no iba a aprender más, ya era simplemente por la obsesión de exigirme el máximo; no me lo exigían mis padres.

Considero que soy de una inteligencia promedio. La inteligencia no es más que, como alguien decía, muchas horas de trabajo aplicadas.

Sí soy audaz, pero me gustaría ser más como mi abuela materna, Nacive, quien tuvo gran influencia en mí, porque quedé huérfano. Ella decía: "En esta familia, todos presumen de inteligentes. Yo no, yo soy constante". A mi abuelita la admiré mucho, porque tuvo mil problemas, duros, severos y salió adelante; por eso, por la perseverancia. Creo que ése es un valor fundamental: ser constante, no tener vaivenes. La constancia es la que te hace moverte, ascender. Por supuesto, hay gente que no la ha necesitado, son personas con chispazos geniales, pero no es mi caso.

Dicen que eres autoritario.
No. Soy firme.

¿Maquiavélico?
Pienso las cosas.

¿Has sido feroz contigo mismo?
Sí, sí he sido feroz.

¿Qué no te gusta?
Para qué te digo, mejor pregúntaselo
a mis enemigos.

¿Tienes la piel suave?
No, eso te lo dicen y créeme que
no tengo la piel suave, soy duro.

¿Das puñaladas por la espalda?
No, jamás. Soy muy directo, muy frontal,
soy duro.

¿Eres vengativo?
No, la ley del talión no es particularmente mi manera de contestar. Cuando me
mencionan esa combinación —que hasta
parece síndrome—, que soy autoritario,
vengativo y que doy puñaladas traperas
o por la espalda, me acuerdo mucho
de mi trabajo en el IFE. No habría podido
salir como salí de ahí si hubiera sido
como dicen que soy.

**Cuando las cosas no te salen bien,
¿te enfureces?**
Sí, me enojo conmigo mismo.

¿Has llorado?
Sí.

¿Qué te hace llorar?
No lloro ante la muerte sino de la
muerte en general. De la muerte
de alguien, por supuesto que sí lloro.
Los recuerdos me hacen llorar,
para ser muy claro.

¿Eres sensible?
Sí, muy sensible.

Entonces, ¿te has sentido frustrado políticamente?
Creo que la vida política ha sido muy generosa conmigo. ¿Sabes qué me frustra? Que no salgamos adelante de muchos problemas. Alguien decía que no se vale caerse dos veces de un caballo por la misma razón. Te puedes caer por cien razones cien veces, pero no por la misma, y a mí me parece que a veces los mexicanos nos caemos quince veces por la misma razón.

¿Cómo está tu ego?
Procuro mantenerlo en forma.

¿Eres perverso?
Eso lo dices tú y algunos colegas tuyos, pero ¿por qué me manejan eso? Porque soy duro en el sentido de tener decisiones rígidas, autoritarias; de tratar de imponer mi voluntad o de ser infranqueable a la crítica de los demás. Duro porque creo que un político debe tener capacidad no sólo de decidir sino de hacer que su decisión valga. Si eres un ser cambiante, fofo, pues no sirves mucho para la política.

¿Te gustan mucho los chocolates? ¿Sabías que quienes los comen demasiado lo hacen por necesidad de amor?
Todo ser humano necesita amor,

y mucho. Lo que había escuchado es que el chocolate es bueno para la actividad mental.

¿No te sientes falto de amor?
No. Fíjate que si bien es cierto que lo de mi familia fue algo trágico, también lo es que todo tiene compensaciones en la vida; hablo de que en medio de todo este problema, abuelos, hermanos, primos, tíos, nos sentimos muy unidos. Además, tengo una familia pequeña, pero muy bonita: mi mujer y mi hija, y tenemos excelente relación. Olga es mi compañera de escuela, estudiamos juntos la carrera de Derecho, competíamos por el primer lugar y le gané, como debe ser. ¡No, no es cierto!, si no, las feministas van a colgarme. Carolina, mi hija, se parece mucho a mí, pero no es obsesiva y eso me gusta mucho.

¿Te siguen provocando fobia los aviones?
No, ya no. Antes sentía claustrofobia, pero no es el miedo al avión, sino que no dispones tú mismo de tu destino. Durante el tránsito, no eres dueño de las decisiones, es el piloto.

¿Gina Román o Sophia Loren?
Sophia Loren era la más bella de todas.

JOSEFINA VÁZQUEZ MOTA

¿Coqueta?
A veces.

¿Se ha resbalado?
Cuando llueve.

¿Capricho?
Me gusta que las cosas estén
a tiempo y saber que logramos
los resultados planeados.

¿Quién la critica más: un hombre o una mujer?
No es cuestión de sexos; en la crítica
hay mucha equidad.

¿Su pecado más grande?
No disfrutar lo suficiente con los amigos.

¿Su más reciente travesura?
¡Mi ficha del Cisen debe ser como
un Valium! Fue con una de mis hijas.
Le mandé un ramo de flores de plástico
a la salida de la escuela, delante de
todas sus amigas, para que se avergonzara
un poco.

¿Su lado oscuro?
Cuando duermo.

¿De quién se defiende?
De la arrogancia.

¿Quién le enseñó a vestirse?
Mi mamá.

¿Qué expresa su lenguaje de cuerpo?
Seguridad y que estoy dispuesta
a hacer amistad con las personas.

¿Qué odia?
La deslealtad y la traición.

¿Qué le gusta enseñar?
Casi todo.

¿Las piernas?
Sí, estoy orgullosa de mis **chamorros**.

¿Qué es lo más bonito que tiene?
Yo creo que mis **chamorros**.

¿Quién influye en usted?
Mis hijas.

¿Quién le habla al oído?
Los que se acercan más a mí.

¿Quién le despierta emoción?
Casi todo en mi vida me despierta
emoción: desde la naturaleza
hasta la expresión de las personas,
pero tengo una debilidad especial
por la Luna.

¿Qué le gustaría hacer fuera de lo cotidiano y laboral?
Me gustaría ser montañista, porque me gustaría ser más libre de lo que soy.

¿Algún día le gustaría soltarse el pelo?
Me lo suelto a diario y me gusta reírme demasiado.

¿Cómo se pone cuando se le pasan las copitas?
Soy un poco más alegre y bastante más cariñosa con Sergio, mi esposo.

¿Ropa íntima favorita?
La que me quede cómoda y resista en las giras de trabajo.

¿Qué le disgusta de un hombre?
Que sea mentiroso.

¿Antojos recurrentes?
Leer un poco más y tomar café con mis amigos.

¿Sabía que le dicen Campanita?
No, y no me gustaría ser **Campanita** porque no era tan emocionante.

EMILIO GAMBOA

Poderoso, inteligente y discreto son las principales características de este político yucateco. Cuando lo entrevisté, tenía pocos días de haber sido nombrado coordinador de los diputados federales del PRI. Aseguraba que en el próximo sexenio —es decir, el de Felipe Calderón— habría grandes avances en la relación de éstos con el Poder Ejecutivo y que su trabajo al frente de la coordinación sería arduo y difícil, porque se enfrentaría con fuertes tentaciones para dividir a los legisladores del partido tricolor: un **partido bisagra**.

Como coordinador de ese instituto creó la fracción parlamentaria (103 diputadas y diputados) que cumplirá una función fundamental en la siguiente legislatura.

Yo considero que el cometido que va a tener el PRI será el de la gobernabilidad, la paz y la tranquilidad en el país. Frente a los dos extremos —una derecha y una izquierda que se han radicalizado— hoy, a 25 días de la elección, no sabemos quién es el próximo presidente de México, pero el PRI estará atento al fallo del Tribunal Federal Electoral (Trife) y seremos nacionalistas e institucionales ante esa resolución. Estoy convencido de que, tras la derrota electoral y de los grandes problemas postelectorales, mucha gente va a darse cuenta de lo importante que es el partido tricolor en la vida nacional. Eso va a servirnos como plataforma para los tiempos futuros.

No nos inclinaremos hacia el PAN ni hacia el PRD. Negociaremos para suscribir acuerdos con ambos, pero la agenda legislativa será la que proponga el Partido Revolucionario Institucional para beneficiar a la gente. Tenemos un país con muchos problemas de fondo. ¿Quién puede estar contento con la inseguridad que hay en todo el país? Diario estamos oyendo que le cortan la cabeza a policías, secuestran a empresarios, matan a jefes policíacos, que el narcomenudeo está en todas las calles. ¿Quién puede sentirse seguro así? Mandaremos iniciativas de mano más dura para combatir la inseguridad. ¿Quién puede estar contento con el desempleo? En este sexenio se fueron de México cinco millones de mexicanos para trabajar en el extranjero, por eso las divisas de 25 mil millones de dólares han venido a equilibrarnos un poco la economía, acompañadas del alto precio del petróleo. ¿Quién puede estar tranquilo con las bajas pensiones y jubilaciones en el país?

Soy un mexicano con muchos años en la política y en el servicio público. Desde 1981 trabajé cerca de un presidente de la República. Me considero hombre de acuerdos que sabe escuchar, tolerante; estoy convencido que con el diálogo y el respeto llegaremos siempre a los mejores acuerdos y a la unidad. Trabajé en el Seguro Social y jamás tuve problemas con el sindicato, siempre laboré en armonía con ellos, como lo hice también en el Infonavit.

Me considero mucho más un operador político que un ideólogo. Así me he formado en los 35 años de trayectoria en el ámbito público. Me gusta la política aunque muchos me consideran más bien un publirrelacionista, diría que tengo muchos amigos en los medios y en otros sectores. He estado vinculado con los medios de comunicación en el sentido de amistad y de respeto.

Soy individuo de definiciones y eso ha hecho que a veces, cuando actúo, quede bien con unos y mal con otros. Mi vida siempre ha sido clara y transparente y a eso se debe que tenga algunos adversarios, pero poseo muchos más amigos.

¿En dónde se toman las grandes decisiones?
En los acuerdos, para beneficiar a la gente.

¿Has estado cerca de Lucifer?
No.

¿Lejos?
Sí, lejos.

¿Eres duro?
No, soy gente de diálogo, tolerante, que sabe llegar a acuerdos; sé tomar decisiones y mantenerme firme en ellas.

¿Carismático?
Me puede definir otra persona, no yo.

¿Cómo le haces para manejar muy bien la mano izquierda?
Escuchando a la gente, atendiéndola y sirviéndole.

Entonces, ¿eres tolerante?
¡Absolutamente!

¿Qué tan racional eres?
En mis 35 años de trayectoria pública lo he demostrado.

¿Cuáles han sido tus mejores piruetas?
Seguir en la política desde 1981, cuando el entonces presidente Miguel de la Madrid —en ese momento candidato— me nombró su secretario particular. Fue difícil, yo tenía escasos 29 años y fue compleja la pirueta para llegar al 2006. Ese ha sido mi reto: seguir en la política.

¿Frustraciones?
Las mentiras, las calumnias, las difamaciones que lastiman a mi familia cuando me imputan cosas que no he hecho.

¿Tienes amor propio?
¿Amor propio? Sí Me respeto a mí mismo, pero respeto mucho más a mi familia... a mi esposa, a mis hijos y ya tengo nietas.

¡Qué bueno! ¿Y amor ajeno?
No. Amor por mi esposa, mi familia y mis nietas.

FELIPE CALDERÓN

En 2005, en el restaurante El Cardenal del hotel Hilton del Centro Histórico, me encontré con quien en ese momento era el candidato presidencial por el Partido Acción Nacional. El resto de la historia la sabemos: Felipe Calderón ganó las elecciones. Esa tarde llegué 15 minutos antes de la cita. Tenía ansias de conocer a ese moreno de baja estatura. Lo vi llegar; vestía traje negro, camisa blanca, y el calor lo había obligado a quitarse la corbata. Tal vez sospechó que nuestra conversación no requería de corbatas ni de otro tipo de formalidades.

No recuerdo quién me había dicho que era gordito, que estaba perdiendo el control sobre su peso; no es para menos, andar de gira obliga a comer aquí, a las dos horas allá…

Subo y bajo de peso constantemente. De hecho, mis hermanas, cuando niño, me decían **gordito**. No me acomplejaba en lo más mínimo. Me cuesta trabajo ciertamente controlar el peso, pero hago mi luchita y, hasta eso, he bajado algunos buenos kilitos últimamente. Prefiero las carnes a los pescados.

Dicen que todos los gorditos son simpáticos. Yo a veces me tomo demasiado en serio la vida o las cosas. Pero fuera de eso, asumo que tengo un sentido del humor; me gusta echar bromas, etcétera, aunque también soy de carácter firme, serio, fuerte y con todo eso he gozado, sufrido, como todos. También a veces le tomo demasiada importancia a cosas que no la tienen, en ocasiones pienso demasiadas veces un problema, o analizo desde demasiadas aristas una misma cosa. En ocasiones me preocupa cierto ensimismamiento; es decir, una gran introspección que de vez en cuando complica mis relaciones. Por ejemplo, puedo estar platicando con alguien y de repente me abstraigo en un tema, me **voy** y entonces es como si no hiciera caso.

Quizá porque soy Leo, con todas las implicaciones de los Leo, que no las conozco bien, pero me parece que tienen su chiste: el Leo es de carácter muy fuerte, firme. Así, mi carácter, mi temperamento es muy Leo. El temperamento es algo que nos es dado de manera natural. No sé si por las épocas del año, tal vez por los signos zodiacales, probablemente por cuestiones genéticas o personales, pero el temperamento te es dado de **natura**, en este caso, un temperamento fuerte. Sin embargo, lo que uno construye y amolda es el **carácter**. Ahí es donde interviene la parte anímica, intelectual, volitiva...; en ese sentido, he forjado un carácter que me ha servido para asumir la vida con firmeza, con claridad, para tomar decisiones sin titubear e ir de frente adonde debo ir.

Claro, muchas veces, muchas, también me he arrepentido de varias cosas; sin embargo, creo en lo siguiente: en la medida en que uno se arrepiente y rectifica es capaz de avanzar y dejar las cosas atrás. Probablemente tenga mucha influencia de mi propio origen; soy de una familia muy tradicional, muy conservadora, y los temas de la culpa católica, digamos, influyen en determinadas épocas, pero fuera de eso veo las cosas así. Lo de humanos es ser falible, pero lo que te hace avanzar como humano no es el hecho imposible de que nunca falles, sino que seas capaz de analizar y rectificar.

Sé pedir perdón, y no sólo debido a la religión que practico, sino creo que siempre es importante hacerlo, sobre todo cuando se trata de cosas en las que uno está consciente de que ha cometido un error. Y también rezo cuando tengo la oportunidad de acostar a mis hijos para dormir; damos gracias por el día, rezamos de una manera sencilla, como debemos hacerlo siempre: simplemente darle gracias a Dios por el día que se tuvo, por las cosas buenas que se lograron. Creo que son las cuestiones que debe hacer todo ser humano. Yo honestamente al llegar a mi casa, ya cansado, sólo me acuesto y me duermo.

Algo que me causó mucho dolor, cuando joven, fue la muerte de mi papá. Tardé muchos años en procesarla y asimilarla, sobre todo porque no tuve oportunidad de despedirme de él; aunque, curiosamente hace poco un muchacho, que se llama Gerardo Cevallos, que está en el Cedispan, pidió permiso para sacar los archivos de mi papá porque piensa publicar algunas cosas. En esos archivos se encontró una carta que yo le escribí dos semanas antes de que muriera y en la que le decía que no se preocupara, que había vivido con plenitud, que había terminado su misión en la vida, que siempre había cumplido con la encomienda de ser feliz y que yo lo admiraba por eso, que estuviera tranquilo con su vida. Luis Calderón Vega, mi papá, fue fundador del PAN en la época muy dura; él, de hecho, generalmente tenía que ser candidato porque nadie quería serlo en aquel tiempo, cosa que alteraba mucho a los adultos de la familia; en cambio, a mí me divertía; éramos niños y salir con él a las plazas de los pueblos en el coche, subirse a la camioneta mientras él hablaba, repartir volantes era una experiencia que pocos niños tenían en su tiempo y que yo disfrutaba mucho. Pero mi mamá se preocupaba, se entristecía, porque generalmente en más de una ocasión, la campaña de mi papá implicó que perdiera el trabajo. Era entonces un México muy incomprensivo, pero mi padre siempre fue un tipo congruente, lo cual le admiro y trato de imitarlo; fue un hombre capaz de llevar sus actos a la altura de sus ideas, un individuo que no se arrugaba cuando tenía que actuar de acuerdo con su conciencia.

¿A qué edad tuviste tu primera relación sexual?
Bueno, pues ahora sí que no me acuerdo. Yo no era particularmente activo, era... pues... francamente muy, muy... no sé cómo decirlo... muy moreliano quizá, muy tranquilo.

¿Cuándo te rascas la cabeza?
Cuando tengo cierto estrés, cuando debo buscar alguna salida para cierto asunto y cuando me da comezón. Me da comezón cuando en ciertos momentos de tensión empiezo a sudar o al menos siento esa sensación, pero voy a tener más cuidado con eso para no rascármela tanto. Es una manía.

Tú dices que no, pero dime la verdad, ¿te has sentido galán?, ¿que atraes a las mujeres por alguna razón?
Voy a tratar de responderte, no es una pregunta fácil. No soy ciertamente un galán, no soy alguien que sea muy bien parecido o que tenga el estereotipo de **carita** que la sociedad va construyendo, pero me siento muy a gusto conmigo mismo y me ha llamado mucho

la atención a lo largo de mi vida que
a las mujeres, contrario a lo que
los hombres muchas veces pensamos,
se interesan por cuestiones que tienen
que ver con... pues... cómo te diré...
pues con inteligencia, con audacia, con
valentía, con congruencia, con vida,
con alegría... son cosas que disfruto
mucho en una relación, no sólo de pareja
sino de amistad con muchas personas.

**A ver, una vez me dijiste que eras
vanidoso. ¿En qué eres vanidoso?
¿Cómo describes tu propia vanidad?**
Más que vanidad es soberbia.
Creo que a todo ser humano
le da de repente por creerse mucho;
uno debe estar atento y bajarse
de las nubes, particularmente cuando
se encuentra en posiciones de poder,
o de interés de la opinión pública.
Es muy importante bajarte del "ladrillo".

¿Cuándo te enfermaste de vanidad?
Mira, creo que la vanidad es como
la gripa; es un virus que siempre anda
flotando en el aire, del que hay que
estarse cuidando.

¿Es peligroso?
Muy peligroso. Por ejemplo,
cuando estaba muy cansado, como
presidente del PAN, o cuando
era muy reacio a escuchar con
interés a la gente.

**A ver, Felipe, también un día
me respondiste que lo que te daría
miedo es el ridículo.**
Pues no sé; quizá le tengo cada vez
menos miedo. Me acepto más, como
que a veces soy más exigente
conmigo mismo.

¿Alguna vez has hecho el ridículo?
Creo que todos; un **pancho**, lo que
se llama un **pancho**, pues sí.

¿Cuál es tu parte más sensual?
No sé, tendrías que preguntarle
a Margarita, probablemente sea...;
no, se vería muy vanidoso que lo dijera.

Dilo, dilo.
Pues me ha dicho que mis ojos
o la manera en que me río, cuando
lo hago, que no es muy seguido.

¿Qué te pone cachondo?
Estar en mi casa y con mi esposa.

¿En qué piensas cuando haces el amor?
Pues... caray... no lo había pensando,
probablemente estás en lo que estás,
¿no?

¿Cada cuándo tienen relaciones?
Cada vez que se puede.

**¿Qué te gusta físicamente
de Margarita?**
Todo: su estatura, cara, forma, piel,
su inteligencia...

Hay algo que le descubrí a ella cuando fui a tu casa; le dije: "que bonitas piernas"; usa falda larga, ¿verdad?
Sí; raras veces usa minifalda,
pero cuando la usa, desde luego
que me gusta.

¿Eres celoso?
¿Con Margarita? No.

¿Controlador?
No, en términos de afecto; tal vez
en cuestión de tiempos y tensiones.

¿Eres mojigato?
¿En qué sentido?

Como buen católico o por ejemplo con este tipo de preguntas...
Pienso que no; sí me preocupa cómo
responderte, ciertamente, porque...

¿Por qué? ¿Por miedo a...?
Porque mucha gente...

¿Cuál es tu postura predilecta?
Pues... mira, creo que soy conservador
hasta en eso, por ello no te contesto.

¿En qué posición te sientes mejor?
Pues... en la de candidato y espero que
en la de presidente.

¿Usas pijama matapasiones?
No.

¿Tienen relaciones con la luz apagada o prendida?
Generalmente apagada.

¿Por timidez?
No, es más emocionante, ¿no?

¿Qué piensas de la infidelidad?
Que es una inseguridad en el amor que se tiene; es una deslealtad.

¿De los matrimonios entre homosexuales?
Pienso que son relaciones que deben respetarse, pero ciertamente no las considero en matrimonio. Para mí, la definición de matrimonio es implícitamente entre hombre y mujer.

¿Margarita está satisfecha contigo? ¿Y tú con ella?
Eso hay que preguntárselo a ella, pero creo que sí. Estoy muy satisfecho como humano, como político y como esposo.

MARÍA DE LOS ÁNGELES MORENO

¿Principal contrincante?
No veo a nadie con trayectoria.

¿Andrés Manuel López Obrador?
Autoritarismo.

¿Carlos Salinas de Gortari?
Visión de Estado.

¿Manuel Camacho?
Negociación.

¿Beatriz Paredes?
Inteligencia.

¿Elba Esther Gordillo?
Indefinición.

¿Poder?
Servicio.

¿Carácter?
Afable y amable.

¿Tu mejor época?
Como dirigente del PRI nacional en el Senado.

¿Cómo te gusta vestir?
Formal, de trajes sastre con falda o pantalón.

Y, ¿los fines de semana?
Con pantalones vaqueros y camisa a cuadros.

¿Duermes con...?
Cuando hace calor, con **shorts** y camiseta.

¿Tu primer amor?
A los dieciséis años.

¿El último?
¡Espero que esté por llegar!

¿Decepción?
El asesinato a Colosio no le permitió llegar a la Presidencia.

¿Qué puesto tendrías con él?
Secretaria de Desarrollo Social.

¿Hijos?
No me dio tiempo, no tomé la decisión oportunamente.

¿Te arrepientes?
Sí, es de lo único que me arrepiento... ¡hubiera tenido tres!

¿PAN?
Elitista y conservador, no comparto su ideología.

¿PRD?
No ha terminado de conjuntar a sus militantes, es demasiado agresivo y violento.

¿Mujeres perredistas?
Hay algunas desinhibidas y carentes de autocrítica, pero hay otras muy correctas.

¿Quién no te gustaría ser?
Margaret Tatcher.

¿Quién sí te gustaría ser?
José María Morelos y Pavón o Indira Gandhi.

¿No te gustaría estar en los zapatos de...?
De Bush ni de Vicente Fox.

¿Disfraz?
Bugs Buuny, el conejo de la suerte.

JOSÉ LUIS SOBERANES

Habla despacio y de manera silenciosa, pero nunca pierde la sonrisa. Se arrellana en su sillón... José Luis Soberanes Fernández fue entrevistado cuando era presidente de la Comisión Nacional de Derechos Humanos. Con gran sentido del humor dice: "Así paga el diablo a quien no le sirve", cuando le recordé que el presidente Fox no contestó su informe. Confiesa que no se gusta cuando se mira en el espejo. Sólo lo hace para peinarse y rasurarse, y que lo único que le falta en la vida es terminar de vivirla.

Mis principios están regidos por una idea de justicia: ver en cada quien lo que le corresponde y luchar por esa justicia. Creo que los derechos humanos son universales para todos. No se trata de si hay buenos o malos, delincuentes o no delincuentes. Sólo hay personas con dignidad. Sé que somos criticados porque existe la idea de que defendemos a los delincuentes. Considero que eso es falsos porque los derechos humanos son precisamente universales. Nuestra función es conseguir que se cumpla con el respeto a las garantías individuales, garantizar el proceso legal, que todos tengan un abogado, que no estén incomunicados y que no sean torturados, pero sin obstruir la justicia.

No hablo de otros sino de los derechos humanos que consagra la Constitución: el derecho a la vida, a la libertad de expresión y de asociación, que son las garantías individuales. Por ello la misión de Derechos Humanos es formar una cultura de respeto a los derechos humanos, que es lo más importante, sin importar sexo, condición o raza: todos somos iguales.

Quizá estos puntos de vista causaron que me haya expuesto, en primer lugar, a la incomprensión: hay Organizaciones No Gubernamentales a las que no les gusta que yo esté aquí porque tienen otros puntos de vista. Hubo también incomprensión de "los señores del poder" quienes pensaron que tenía rencillas personales con ellos.

Me gustaría decir que mi anhelo es que México llegara a ser un país en donde no hubiera tanta diferencia en el trato a las personas, que todos tuviéramos un mínimo de bienestar, de justicia y que existiera más igualdad y equidad.

**¿Se sintió desairado
por el presidente Fox?**
¡Claro!, y la vez que más me dolió
fue cuando le llevé el informe
de las "muertas de Juárez" y se
negó a recibirlo. Fue una gran
irresponsabilidad del titular del Ejecutivo.

**¿Es verdad que es muy católico
y que incluso pertenece al Opus Dei?**
He conservado mi vida privada y quiero
seguir conservando esta peculiaridad,
más aún tratándose de las preferencias
religiosas y viviendo en un Estado laico.

¿Reza?
Sí, durante las noches.

¿Cómo se divierte?
Me divierto mucho viendo películas.

¿Cuánto tiempo pasa en la caminadora?
Cuando puedo, una hora y cuando no,
lo que me permite mi trabajo.

¿Es cierto que va al área VIP
del gimnasio?
No, lo que pasa es que me dieron
el ascenso —como una cortesía del
dueño— a la llamada "área ejecutiva",
pero nada más. Ahí regalan el jabón para
aseo personal.

¿Está peleado con la báscula?
¡Claro que no! Para no pelearme
con ella, no me subo.

¿Le importa su peso?
Claro, por las consecuencias
que pueda atraer a mi salud
y en mi rendimiento.

¿Ha bajado de peso?
No y se lo atribuyo a la genética.

**¿Es cierto que su alimentación
es frugal?**
Depende adónde vaya y las prisas
que tenga, pero prefiero que sea frugal.

¿Se gusta como persona?
No, en lo más mínimo.

¿Y ha hecho algo para gustarse?
No, ¡Dios me libre!

**¿Qué hace cuando se mira
en el espejo?**
Pues me peino y me rasuro.

¿Pecado?
La gula.

¿Qué piensa del sexo?
Es algo que es consustancial
a la persona y parte de uno.
Como tal, se debe realizar
por gusto.

¿Mañanero o trasnochado?
Mañanero.

¿Le temen?
No, nadie me teme.

¿Qué hay dentro de ese corpulento cuerpo?
Alguien que tiene deseos de servir de manera práctica, no nada más de manera teórica.

¿Perfeccionista?
En ocasiones, con mi trabajo, me gusta hacerlo muy bien.

¿Romántico?
¡Uy!, pues eso que se lo diga mi señora.

¿Le ha tocado bailar con la más fea?
¡Claro!, en este trabajo uno tiene que hacer crítica. El que la recibe no le gusta y, sobre todo, cuando la persona criticada es quien tiene el poder.

¿De qué tiene pinta?
De viejo profesor.

¿Vicios?
Me gusta de vez en cuando echarme un **purito** y en ocasiones tomar cosas dulces, que no debo...

¿Va a antros?
No.

¿Toma alcohol?
Muy poquito, en alguna comida bebo cuando mucho una copita de vino.

¿Nunca se ha puesto así, hasta...?
No, y no por virtud sino porque
no me gusta.

En este puesto, ¿se necesita ser canijo?
No, lo que se necesita es ser justo.

¿Tiene malicia?
Sí, claro, uno tiene que ser malicioso
porque si no, le toman el pelo.

¿Es pasional en su trabajo?
Sí, cuando me apasiono, agarro
las cosas muy en serio y procuro llevarlas
a sus últimas consecuencias...

¿Qué hace debajo de la mesa?
Rascarme el pie y subirme los calcetines.

¿Qué le falta en la vida?
Terminar de vivirla.

¿Qué atrevimiento ha tenido?
Haber opinado que era improcedente
el desafuero de López Obrador.

**¡Muchas gracias, doctor!,
¡estuvo muy ligero!**
Pues usted me dijo que no quería **rollo**.

JULIO FRENK

Julio Frenk Mora es amante de la ópera y fanático de la música clásica. Se distingue por ser un hombre muy serio que cuida mucho las formas. Es austero en su vestimenta, no acostumbra usar ropa cara ni mucho menos **de marca**. Su deporte favorito es subirse todas las noches a la caminadora mientras mira los noticieros. Una de sus características físicas es el copete con mechón blanco, que actualmente ha desaparecido. Ahora toda su cabellera es casi del mismo color.

Mi creencia predominante es que he sido muy afortunado, que tengo mucho qué agradecer a la vida, que he gozado de oportunidades que muchos mexicanos no tuvieron. Mi familia paterna le debe, literalmente, su vida a la generosidad de México. Si este país no le hubiera abierto las puertas a los perseguidos por el nazismo, muchos hubieran muerto en esa atrocidad que fue el régimen nazi y entre ellos hubiera estado mi familia paterna. Entonces, primero tengo un agradecimiento total a este país, porque le abrió las puertas a mi familia. Una vez aquí, mi abuela —quien murió a los 106 años— tuvo una carrera muy distinguida. Mi abuelo era médico y aportó mucho para la construcción del Seguro Social en México, porque él conservó la experiencia alemana. Mis abuelos tuvieron hijos que son mi papá y mi tía, quienes han tenido carreras muy destacadas y, a su vez, ellos nos han dado oportunidades educativas increíbles. He tenido una familia muy bonita y extraordinarias oportunidades de trabajo. Cuando hago esa introspección, además de reflexionar mucho en los problemas diarios, la aprovecho para pensar estratégicamente en el sistema de salud y no nada más en la atención de los "bomberazos" de cada día o lo realizado los fines de semana. Me sirve para recogerme y para ir más allá de lo que constituyen las mil y un presiones que experimento todos los días en la oficina. Aprovecho para pensar hacia dónde debemos ir y cuáles son los grandes pasos que debemos dar.

Esos momentos reflexivos son el producto en gran medida de la música. Trabajo siempre con música clásica de fondo. Me gustan todos los autores: desde barrocos hasta románticos. Soy gran fanático de la ópera. Escucho música cuando leo, escribo y trabajo, pero también cuando voy a entrar en un proceso de reflexión. La música es un arte que permite la introspección y movilización de sentimientos.

También me gusta escribir, sobre todo discursos. Me precio de que los que pronuncio frente al Presidente los escribo yo mismo. Escribí una novela que todavía circula en librerías; mucha gente me conoce por ese libro que se llama **El tofanito**. Lo escribí cuando era estudiante de medicina y lo reimprimen cada año. Fui periodista y editorialista; he escrito en muchos periódicos y revistas. También soy fundador de la revista **Nexos**. La escritura es algo que me encanta, aunque ahora la practico poco.

En cuanto a salud, tengo un récord extraordinario: puedo afirmar que desde la preparatoria —1970 más o menos— no perdí ni un día de escuela o de trabajo por cuestiones de salud. He faltado por otras causas, como irme de pinta o de vacaciones, pero no por salud. He tenido la bendición de ser muy saludable desde hace 35 años. Sin embargo, a los seis años tuve difteria.

¿Fumas?
No, hace 23 años dejé de hacerlo. Pude demostrar que sí se puede dejar el tabaco. Las campañas de la Secretaría de Salud no han sido contra los fumadores sino contra la industria tabacalera. El cambio de la política ha sido no enfocarnos en los fumadores, como si fueran pecaminosos o débiles, no incurrir en la condena moral del fumador sino tener políticas públicas efectivas que metan en orden a una industria que produce un producto que mata a sus consumidores.

¿Qué comes para mantenerte saludable?
Me cuido porque no es fácil mantenerme en forma con tantos desayunos, comidas y cenas de trabajo. Evito los desayunos y cenas de trabajo. Primero, porque en el desayuno charlo con mis hijas y eso constituye un momento muy importante, debido a que no me da tiempo para

regresar a la casa en la tarde y cuando llego en la noche ya están dormidas. Segundo, porque eso me permite mantenerme en forma. Desayuno cereal, jugo de zanahoria y café. Ceno poco, y en la comida —que es la que hago en el trabajo— trato de moderar lo que ingiero y bebo.

¿Bebes tequila?
Uno al día. Algunos estudios aseguran que causa un efecto semejante al de una copa de vino tinto, es decir, sube el colesterol bueno si se toma en dosis bajas. En general, eso ocurre con cualquier bebida de buena calidad.

¿Que se murió el chef que te preparaba comida afrodisiaca?
No era afrodisiaca, o al menos nunca me beneficié de sus efectos, así que no puedo atestiguarlo. Pero sí, el pobre chef sufrió un infarto masivo, fue muy triste su muerte.

¿Usarías un condón con la marca del doctor Simi?
Como soy estrictamente monógamo y fiel, no lo necesito.

¿Te dejaste amedrentar por el tema de la píldora del día siguiente?
La anticoncepción de emergencia se dio por un proceso colegiado, en donde todos los argumentos se pusieron sobre la mesa y, desde luego, nosotros respetamos las diferencias

de opinión, pero al final la decisión fue concensuada con base en ese criterio.

¿Te han administrado vacunas políticas?
Bueno, me vacuno contra la influenza, pero no contra las influencias.

¿Empezaste tu gestión con un mechón de cabello blanco, pero ahora ya tienes casi todo el cabello del mismo color?
Empecé con un mechón blanco y voy a terminar con un mechón negro. Los expertos en envejecimiento me darán la razón de que es un mito de que a un le salen canas por las presiones; surgen simplemente por el tiempo.

¿Por qué te peinas tanto?
Tengo el cabello muy lacio y siempre se me cae sobre la frente. Desde chico he tenido la costumbre de quitarme el cabello de los ojos para poder ver bien. Es consecuencia de que tengo el cabello muy lacio. Ahora tengo una edad en la que francamente no importa si es lacio, canoso... lo importante es tener cabello y, por lo tanto, estoy muy contento de tener mi cabellera intacta a los 52 años. En un sentido metafórico, nada que me nuble la vista. Por eso trato de quitarme la cabellera de la frente: para tener siempre la mirada concentrada en lo que estoy haciendo.

ULISES RUIZ

¿Qué disfraz te pondrías?
De político

¿Cualidad?
Pertinaz.

¿Defecto?
Sentimentalón.

¿Qué no te gusta de ti?
Me gusto como estoy.

¿Cómo es tu personalidad?
Sencillo y trato con todo mundo.

¿Qué bebes?
Cervecita.

¿Cómo duermes?
Con pijamita ligera.

¿Bóxer?
Blancos, grises, negros.

¿Qué parte del cuerpo de la mujer te gusta?
El cabello.

¿Eres galán?
¡Nooo!

¿Eres guapo?
No creo.

¿Vicios?
La política.

¿Qué te excita?
La política.

¿Y el sexo?
También.

¿Tímido?
Más o menos.

¿Animal?
Águila, por su elegancia al volar.

¿Contrincante?
La pobreza y la marginación.

¿Eres erótico?
Pues... no creo.

¿Dignidad?
Ante todo.

¿Qué bailas?
Cumbias y salsa.

¿Cantante favorito?
Juan Gabriel.

¿Tipo de mujer?
Mi mujer, quien es baja de estatura, bien formada, guapa, costeña.

¿Artista ideal?
Kim Basinger.

MANUEL ESPINO

Lo llaman **Hitler** y lo acusan de tenebroso. Pero su otra cara, la que da a su familia y amigos y también con quienes convive es la de un hombre que disfruta la vida y al que le lastima el dolor humano. Hasta hace poco, nadie lo conocía, sólo algunas personas que tenían referencias de él. En el momento de esta entrevista, Manuel Espino era presidente del Comité Ejecutivo Nacional del PAN. Es licenciado en administración de empresas y microempresario. Nació en Durango, en un barrio ordinario de jóvenes peleoneros, pero al mismo tiempo vivió en una casa con grandes valores: muy cercano a comunidades religiosas, alrededor de sacerdotes, obispos y monjas. Se dice luchador entregado, enjundioso y con principios morales. Está casado con María Elena Ochoa, su güera maravillosa, quien le ha profesado paciencia y cuida a su familia mientras él está en la política. Tienen tres hijos: Fátima del Rosario, Pablo Fernando y Luis Enrique.

Soy un ciudadano ordinario. No tuve ninguna actividad política protagónica en el pasado; empecé a tenerla cuando llegué a la presidencia del partido. Por otro lado, me reconozco como político novedoso. Soy un auténtico "bárbaro del norte". Me hice en Ciudad Juárez, entre los "fregadazos" de la política. No nací en lo calientito de ella.

También me considero un tipo muy hogareño. Cuando estoy en casa hacemos rompecabezas, jugamos dominó, podamos el césped y los árboles, cuando es temporada. Vamos al cine, a comer en restaurantes, de vacaciones al mar y al bosque si se puede, los fines de semana. En el peor de los casos, convivimos en casa elaborando carnes asadas, armamos todo al estilo norteño. Además, disfruto mucho hacer trabajos de carpintería, plomería y jardinería. Tenemos nuestro taller y ahí convivimos todos en un ambiente hogareño. Mis hijos me ayudan a lijar tablas mientras mi esposa se encarga de preparar una deliciosa comida, que es la mejor recompensa al terminar la jornada de trabajo.

Reconozco que la gente me critica porque soy poco atento, poco amable y de que tengo un gesto adusto, duro. No me aceptan fácilmente en la primera impresión. Necesito tener un trato más cercano para que la gente se dé cuenta de que lo que dice mi rostro no es lo que expresa el alma.

Como compensación, mis cualidades son ser sincero, solidario y sensible a las alegrías y tristezas de los demás. Hago míos los sentimientos o emociones de la gente con quien tengo relaciones afectivas. Soy un ser ciertamente ordinario, pero con alguna dosis, quizá mínima, de nobleza que me ayuda a tener amigos.

**¿No te parece que tu bigote
es medio anticuado?**
Pues me lo corto y punto.
Así resolvemos el problema.

¿Te gustaría manejar otra imagen?
No es algo que me preocupe realmente.

¡Ah!, pero sí te pintas el cabello.
No se me ven mucho las canas,
pero aquí están, revelando mis cuarenta
y cinco años.

**Cuando te echas unas copitas,
¿cómo te comportas?**
Me da por cantar, con copas o sin ellas.
Soy malo para cantar, pero me gusta
hacerlo. En reuniones con amigos,
ya con unas copitas encima, nos da por
irnos al anecdotario personal y traer
a colación momentos importantes.
Me gusta tomar tequila de vez en cuando,
pero no soy tomador habitual.

**¿Que son muy cuates Marta Sahagún
y tú?**
Tenemos una relación respetuosa,
prudente y cercana, que significa una
disposición de ambos para sumar
esfuerzos hacia un propósito común.

¿Qué mujer te parece atractiva?
Un tipo de mujer como mi esposa:
leal, entregada, responsable y solidaria.
Una compañera que comparta alegrías
y penas, que me acompañe absolutamente
en todo.

¿Eres metrosexual?
No sé, me visto de manera ordinaria.
Me gusta hacer mucho ejercicio para
quitarme el estrés, sentirme dinámico
y saludable.

**Tu esposa vive en Ciudad Juárez.
¿Quién hace visita conyugal?, ¿tú o ella?**
Ambos hacemos visita conyugal.
Yo voy con frecuencia a mi casa,
pero ella de pronto viene a acompa-
ñarme al Distrito Federal.

**Cuando no haces el amor,
¿te pones de mal humor?**
No, siempre he sido hiperactivo
y esa misma hiperactividad me
ayuda a desahogar esa energía
que se acumula.

¿Cómo te consiente tu esposa?
Me rasca la espalda, me unta crema
en las piernas y me da masaje en
los pies. Yo la apapacho, la abrazo, la
acaricio y con cierta frecuencia nos
bañamos juntos. Llevamos casados
19 años.

Tras muchos años, ¿el amor sigue igual?
No, con el tiempo el amor ha mejorado.
Es una relación extraordinaria,
llena de pasión.

Para ti, ¿qué es ser cachondo?
Todo tiene sus épocas. A estas alturas
soy una persona sensible, cariñosa
con mi familia.

¿Y atrevido?
No creo, y si lo fuera no lo diría.

Eres un hombre que se faja bien los pantalones. ¿Quién te los desfaja?
La única que me los desfaja y me los baja es mi mujer.

¿Eres aburrido o divertido?
Un poco aburrido. No soy buen conversador, me desagrada ser el protagonista de las fiestas o reuniones. Me gusta participar, pero me disgusta que mantengan la atención en mí.

¿Te molesta la frivolidad?
Es una característica humana muy lamentable. Alguien frívolo es alguien indiferente, que no se interesa en los demás.

MARCELO EBRARD

¡Ni rey del barrio ni chavo fresa! Marcelo Ebrard es un hombre frío, reservado, con cara de niño, pero no precisamente con el mejor humor de entre los miembros de la clase política mexicana. No es sencillo entrevistarlo, individuo de pasiones en quien se ve que le cuesta trabajo contener. Se escabulle, contraataca y en ocasiones hasta encara. De naturaleza compleja y muy cuidadoso en sus respuestas.

Desde que a este país comenzó a cubrirlo la sombra de la corrupción del poder público y la complicidad entre los poderes económicos; desde que el Fobaproa y después el IPAB nos agraviaron a todos los mexicanos; desde que el terremoto descubrió las venas más profundas de esta ciudad tengo la ideología del PRD: expansión de los derechos sociales y de las libertades, equidad y nacionalismo. La vida, la ciudad y lo que he enfrentado me han entrenado en la palestra política, así como la adversidad, las situaciones límite y la responsabilidad.

Por ello puedo decir, con todas sus letras, que tengo mucha experiencia en temas de la ciudad: trabajo intenso, integridad y visión de futuro, no de manera improvisada sino desde el programa de reconstrucción de vivienda de 1985. Luego, desde la Secretaría de Seguridad Pública sentamos las bases para un proyecto futuro, con el fin de que las condiciones de los capitalinos mejoraran. Más adelante, desde la Secretaría de Desarrollo Social, en la que tuve el privilegio de acompañar a Andrés Manuel López Obrador.

Lo digo claro: no me he enriquecido, tampoco soy homicida ni tengo vínculos con el narcotráfico. Me acusan de que controlo a los ambulantes y no es así: me respetan, mas no los controlo. Fui el creador del Centro de Control de Confianza, que es el organismo que ahora propone a todos los mandos de la policía, incluyendo los exámenes de polígrafo y toxicológico. No habría podido aplicar todas estas medidas si estuviera metido en algún circuito informal de corrupción, sería imposible. He sido honesto. Pertenezco a la izquierda que busca el progreso de la sociedad y que asume costos para cambiar la vida de los ciudadanos. No formo ni seré parte de ninguna corriente.

¿Te molestaría que te preguntara sobre temas de tu vida privada?
No, en lo más mínimo.

No tienes sentido del humor, ¿te aguantas a ti mismo?
¡Ja, ja, ja! Te diría que, en ocasiones, hasta me caigo bien.

¿Aceptas la crítica?
Soy muy ponderado, nunca pierdo los estribos.

¿Quiénes son tus carnales?
René Cervera, Manuel Mondragón... ¿quieres toda la lista, o con esos basta?

¿Y tus enemigos?
¡Uy! Esos son constantes y de un tiempo a la fecha son cada vez más públicos.

¿Niño fresa o rey del barrio?
Jefe de Gobierno.

¿Por qué los colosistas te llaman Chucky**, el muñeco diabólico?**
¡Quién sabe!

Háblanos de tu soledad.
No estoy solo, afortunadamente.

¿Tus amores?
Mi amor es Mariagna.

¿Aficiones?
La música, los libros y mi gente.

¿Pecador?
Un ser humano nada más.

¿Devoto?
No.

¿Sexo?
De lo más importante en la vida.

ENRIQUE PEÑA NIETO

¿Cualidad?
Hogareño, me gusta la familia, me agrada ser sincero con el trabajo, honesto y entregado.

¿Defecto?
Malhumorado, algunas veces.

¿Galán?
No.

¿La mayoría de tus votantes fueron mujeres?
No lo sé, creo que fue 50/50.

¿Futuro?
Trabajar en la confianza que se me dio.

¿Minifalda?
Atractiva.

¿Cuál es tu dolor de cabeza?
La intriga.

¿Qué te apena?
Las mujeres.

¿Qué te ruboriza?
Cuando me sorprenden o me ponen en evidencia.

¿Tienes muchas seguidoras?
Me gusta tener amigas y amigos.

¿Qué haces cuando te aborda una mujer porque le gustas?
Me ruborizo.

¿Enemigo?
Los hay, sin duda, escondidos.

¿Qué te seduce?
El servicio, la amistad, la lealtad.

¿Miedo?
La perversión, la deshonestidad, la traición.

¿Debilidad?
La belleza.

¿Fortaleza?
Carácter.

¿Qué te molesta?
Rasurarme.

¿Amor?
Mi familia.

¿Animal?
Perro, por su lealtad.

¿Pastilla del siguiente día?
No tengo, vitamina C.

¿Sexo?
¡Rico!

¿Vicios?
Pasar una tarde de bohemia, un puro y una copa.

¿Te ha tocado bailar con la más fea?
Me ha toca bailar con algunas feas y me refiero a situaciones feas.

¿Golden Boy?
Nombre de los políticos de una nueva generación, así nos pusieron, así me asumo.

¿Qué parte del cuerpo de una mujer te gusta?
Todo su físico.

¿Cómo duermes?
En pijama y muy calientito.

¿Epitafio?
Murió en el servicio, sirviendo a los demás.

MARIO MARÍN

Tímido, sencillo y siempre recordando sus ayeres cuando era bolero de zapatos, Mario Marín nos habla de su aspecto y rasgos indígenas, asegura que lo comparan con Benito Juárez. De él, nos dice, toma su ejemplo.

Tengo muchos sueños y desde pequeño se me han realizado la mayoría de ellos. Mi sueño actual es hacer de Puebla un estado de primera, con progreso, desarrollo, de grandeza industrial y gran turismo. En los últimos años vino decayendo, pero sé que voy a ubicar a mi estado en los primeros lugares del país y que sea conocido en el mundo. Voy a aprovechar la potencialidad que tenemos para levantar su economía, empleo y estabilidad política y social. Otra de mis ilusiones es ser un buen gobernante, demostrar que todavía se puede confiar en los políticos. Espero, debido a mi origen popular y de mucho esfuerzo, que la vida me permita salir con dignidad de este importante cargo y seguir con mi carrera política.

Benito Juárez es un ejemplo para mí y para muchos mexicanos, yo en lo personal leo mucho sobre sus obras, su pensamiento. Como tengo rasgos indígenas, que además lo soy, muchos me comparan con él. Trato de seguir su ejemplo, su pensamiento, su trabajo tan apasionado por las mejores causas del país, por la gente más pobre.

Creo que me distingo por ser un gobernador educador, tengo muy acentuado el sentimiento de educación porque es un instrumento valioso, eficaz para poder sacar un pueblo adelante y yo soy un ejemplo vivo de ello. Si no me hubiera preparado, no estaría donde estoy; yo logré cursar una carrera de abogado.

¿Cómo te sientes de bolero a gobernador?
Muy contento, comprometido con la gente, orgulloso, con los pies en la tierra, haciendo todos los días algo por la gente de mi clase, de mi origen. Soy ejemplo para muchos niños pobres de Puebla de que las cosas se pueden hacer cuando se quiere.

¿No estás subido en un ladrillo?
No, al contrario, a mí me gusta mucho
convivir con la gente, sobre todo con
los niños, incluso me han dicho que
al hacerlo demerito mi función como
gobernador, pero yo creo que no.
A la gente le gusta ver al Mario Marín
que conocieron hace muchos años:
humilde, sencillo, amigable y trabajador.

¿Platillo exótico?
Mole de caderas de chivo.

¿Te gusta lo afrodisíaco?
Sí, como las bebidas tropicales,
té y vinos.

¿Pensamiento perverso?
Soy diablillo, como niño de la calle.

¿Frivolidad?
Como de niño era desarrapado,
ahora me gusta vestir bien.

¿Te gusta el "cuchi cuchi"?
No tengo experiencia en esos temas.

¿Complejos?
Antes, por ser chaparrito.

¿Manías?
Me apasiona el futbol.

¿Ídolo de joven?
Pelé.

¿Y de adulto?
Colosio.

¿Deseo reprimido?
No poder tener autos de lujo.

¿Mejor amigo?
Manuel Bartlett.

¿Qué tienes bonito?
Mis sentimientos.

ONÉSIMO CEPEDA

Monseñor Onésimo Cepeda es un hombre carismático en toda la palabra. Igual oficia la misa dominical que vitorea de manera incansable y paradójicamente a los Diablos Rojos de México, equipo de béisbol que lleva en su corazón. Se ordenó como sacerdote en 1970, fue primer obispo y fundador de la Diócesis de Ecatepec desde el 12 de agosto de 1995, la tercera más importante en todo México después de la del Distrito Federal y la de Guadalajara.

Polifacético y alegre como es, lo mismo se reúne con la grey católica que con los personajes de la vida política nacional, sin importarle el color o ideología que profesan. Así lo vemos en sus alegres tertulias, compartiendo el pan y la sal. Políglota, dicharachero, deportista, escritor, comentarista de radio y un largo etcétera son las características de este polémico ministro del culto católico.

Fui un obispo rico; un rico que se hizo pobre por los pobres. Fui fundador de Inbursa y socio de Carlos Slim. He tenido amigos ricos desde joven, vengo de una familia muy importante en México, no del pueblo. Mi padre fue fundador de la Barra de Abogados Varsovia y secretario de la Comisión Nacional Bancaria durante cuatro sexenios. Importantes banqueros como Alfredo Harp y Roberto Hernández trabajaron conmigo.

Siempre he dicho que el hombre es, por naturaleza, político, lo que debe entenderse es lo que significa ser político: aquel que se preocupa por el bienestar de quienes están a su cargo. Así que soy político con sotana... o con mengana.

A Dios le guardo su tiempo: me levanto a las siete de la mañana, voy a la capilla, después me traslado a la Catedral para dedicarle el tiempo a mi pueblo. A la parte de mi vida le dedico una vez a la semana, como jugar golf o ir a los toros.

Los políticos me buscan porque les digo la verdad, errores y aciertos, pero no le sobo el lomo a nadie. Ellos me respetan por mi condición; yo respeto a la gente que no se vende, que no pide favores, ése creo ser yo. Si algunos me temen es porque tienen miedo de que divulgue la verdad sobre ellos. Me han buscado Rosario Robles, Pancho Barrio, José Murat y muchos más, queriendo hacer las paces conmigo. No soy hombre de venganzas ni de peleas. Soy individuo de paz, pero si me buscan, me encuentran. No pertenezco a ningún partido porque soy daltónico: no veo colores. Lo único que me interesa es que quien se siente en la silla, sea del color que fuere, sea eficaz, eficiente, que se preocupe por el pueblo y termine con la impunidad.

¿Millonésimo Cepeda?
¡Es una idiotez! Me río de los que
lo dicen. No tengo millones,
pero sí buenos amigos, mi fortuna
no llega ni a un millón de pesos.

¿Nunca dejaste la vida mundana?
Claro que la dejé. Nadie puede decirme
que me he acostado con alguna mujer
desde hace 35 años.

¿Eres pecador?
Miento madres muchas veces, me enojo.
El justo peca siete veces diarias,
dice la Biblia, imagínate que yo no soy
tan justo. Pero esto no es una confesión,
¿verdad?

¿Para quién te vistes tan elegante?
Voy a decirte una cosa y no me la vas
a creer: llevo veinte años, diez como
obispo, en que yo personalmente no me
he comprado nada. Todos son regalos:
calzones, camisetas, trajes de todas las
marcas...

¿Rolex o Cartier?
Rolex no tanto; Cartier, Vulgari,
Mont Blanc... y me los han regalado
mis amigos.

¿Qué hay debajo de esa sotana?
Un hombre en toda la extensión
de la palabra, y puedes encontrarte
con sorpresas...

¿Ya no tienes tentaciones terrenales?
¡Claro que las tengo! Me gustan
todas las mujeres guapas.
¿Para qué me gustan? Eso no puedo
decírtelo. ¡Ja, ja, ja! Para muchas
cosas, pero no hago nada con ellas.

¿No te dan ganillas?
¡Claro que me dan!, pero me las aguanto.
Ese es el hombre verdadero,
el que se las sabe aguantar, el que sabe
ser señor de sus pasiones.

¿Deseo reprimido?
Partirle la cara a uno que otro,
sobre todo a los que me calumnian,
pero en lugar de eso, perdono.

¿Con qué animal te identificas?
Con el león, porque rujo fuerte.

¿Eres coqueto?
Más bien me coquetean las mujeres.

¡Cómo!
Como pueden. Te avientan los **galgos**,
pero yo corro más rápido que ellos.

¿Cómo duerme un obispo?
Solo.

¿Con pijama o sin pijama?
¡En cueros!

¿Eres galán?
Tú dime, que eres mujer.

¿Fantasía terrenal?
Ser el mejor jugador de golf.

¿Fuiste un junior?
¡No! Mi padre me hizo trabajar
desde los catorce años.

¿Qué frivolidad te da placer?
Jugar golf, comer bien y beber bien.

¿Qué te gusta de ti?
La sinceridad, la franqueza;
soy buen amigo.

¿Político pecador?
Todos.

¿Defecto?
A veces ser un poco hablador.

¿Cualidad?
Decir la verdad con mis habladas.

¿Qué le pedirías a Santa Claus?
Si pudiera... ¡una muñeca!

Pero como no puedes...
Que sea yo bueno, que se me quiten
los malos pensamientos.

¿Cuáles son tus malos pensamientos?
¡Tú!

¿Te vas a ir al infierno por travieso?
A mí, el diablo me ve y se pasa de largo.

HÉCTOR ORTIZ

¿Qué te gusta de ti?
Mi capacidad de improvisación.

¿Tienes alguna gracia?
Cocino escamoles, toco el piano, la guitarra y declamo.

¿Qué te enoja?
La necedad.

¿Qué piensas de las mujeres maduras y solteras?
Que son más inteligentes.

¿Te gusta el cuchi cuchi?
Sí, en la cabeza, para tranquilizarse a uno.

¿Atrevido?
Un poco tímido, pero me decido.

¿Qué te gusta del cuerpo de tu esposa?
Tiene una cintura muy bien hecha.

¿Qué te apasiona?
Leer.

**¿Cómo te gusta hacer el amor?,
¿con o sin calcetines?**
Con, cuando hace frío.

¿Cuál es tu lado sexy?
Ninguno, estoy muy obeso.

¿Te gustas?
No, pero me acepto muy bien.

¿Eres codo?
No, el dinero es un instrumento para lograr fines superiores.

¿Qué te gusta que te regalen?
Cosas muy baratas y de muy buen gusto.

¿Te gustan las fiestas de cumpleaños?
Sí, en la última asistieron más de diez mil personas.

¿Disfraz?
El Duende de la Malinche.

JUAN MOLINAR HORCASITAS

¿Serio o intolerante?
Ni una ni otra. Me intriga el porqué vincula una cosa con otra. Al contrario, soy una persona con buen sentido humor, optimista. Los optimistas solemos ser poco serios y yo soy tolerante.

¿Eres un niño Scribe? **(Estudioso)**
He sido estudioso muchos años. Estudié en Francia una licenciatura, una maestría y un doctorado y sí, me quemé las pestañas.

¿Eres un niño bien?
Bueno, crecí en Polanco. Eso nadie puede quitármelo, sigo viviendo ahí... es un barrio que se disfruta mucho.

¿La lujuria ha pasado alguna vez por tu mente?
Sí, por supuesto, como en cualquier ser humano.

¿Cuál es tu piropo?
¡Ah!, ¡Mmm!... A veces soy coqueto, ocasionalmente.

¿Cuáles son tus armas para la seducción?
La caballerosidad: que la persona que esté junto a mí sienta que le tengo afecto y respeto.

¿Das la impresión de ser un hombre muy inteligente?
La inteligencia es un don y nadie puede presumir de ser inteligente, porque no es mérito de una persona sino un regalo que se tiene de manera natural. Pero acepto que tengo cierta dosis de inteligencia que me fue dada, el mérito es cultivarla, es cuestión de disciplina.

¿Es verdad que en la escuela te decían la Pantera Rosa**?**
¡Ah que la canción! Lo que pasa es que entonces era muy flaco y estudiaba en la ENEP Acatlán. Solamente en ese lugar y en ese contexto. En realidad, fue porque era bastante afable y me llevaba muy bien con todos los colegas.

¿Cómo te diviertes?
Soy **feministo** en la práctica: lavo loza. ¡Ja, ja, ja! Me divierto cocinando un poco de todo, y varía según las épocas; algunas veces arroces, otras ocasiones carnes, tailandés o chino, comida mexicana... una buena mesa, una conversación agradable, ésa es mi idea del buen rato.

¿Alguna vez se te han pasado las copas?
¡Sí!, ¡por supuesto!, no me llevo mal con

el alcohol, ni me pongo necio.
Bueno, necio puede ser que sí. ¡Ja, ja, ja!
Pero no me enojo con la gente, tampoco me pongo a llorar.

Y la autoestima, ¿cómo la tienes?
¡Bien!, no puedo decir que nadie me quiere.

¿Tienes alguna vanidad?
¡Mmm!, quizá puedo ser soberbio intelectualmente.

¿De qué época eres?
Ideológicamente de comienzos del siglo XIX a la mitad del siglo XX. Soy un liberal puro. Esa sería la mejor manera de identificarme, o al menos así me identifico, como un amigo de las libertades.

¿Qué tipo de mujer te gusta?
Noble, inteligente y hermosa.

¿Eres atrevido y apasionado?
Para unas cosas sí.

¿Qué has descuidado?
Leer literatura inglesa.

XÓCHITL GÁLVEZ

¿Cachonda?
¡Muy cachonda!

¿Trasnochador o mañanero?
Ambos.

¿Primera locura de amor?
Un chavo del pueblo.

¿Mujeres reprimidas?
En extinción.

¿Hombres reprimidos?
Ante las mujeres exitosas.

¿Muchos pretendientes?
Cada vez menos, creo que estoy dando el viejazo.

¿Ironía?
Hay que tenerla para pasársela menos mal.

¿Diversión?
Jugar fútbol.

¿Coqueta?
¡Sí, mucho!...

¿Cómo?
Con la sonrisa y enseñando un poco de pierna.

¿Qué te ruboriza?
La frase del primer número de **El Independiente**: "Yo cojo diario... y veme".

¿Primera relación sexual?
A los 22 años.

¿Defecto?
Estar chingando.

¿Palabra altisonante?
¡Ta' cabrón!

¿Qué te molesta de los hombres?
Que me quieran controlar.

Y, ¿qué te gusta de ellos?
Su compañía.

¿Prenda sexy?
Minifalda.

¿Le haces cuchi cuchi **a tu esposo?**
Sí, y también de todo...

¿Qué tipo de chones **usas?**
Comunes y corrientes.

¿Esos no son sexys?
Bueno, hay otras artes.

¿El guapo?
El gobernador Ismael Hernández, es de lo mejorcito que hay.

¿Personalidad?
Desmadrosa, pero trabajadora y creo que efectiva.

¿Epitafio?
Por fin descansa en paz, ¡ya no va a estar chingando!

SIN CURUL

MARINELA SERVITJE

Hace algunos ayeres, para ser exactos en los años cincuenta, nació un pastelito cuyo personaje es un gansito y la marca surgió de Marinela: Una niña alegre, divertida y muy bonita. Marinela Servitje es ahora toda una mujer quien confiesa que su vida no cambió porque un producto famoso para los niños llevara su nombre. Marinela es toda una empresaria entregada a sus negocios, a la filantropía, madre de familia y esposa dedicada.

Tenía un año cuando mi padre decidió ponerle mi nombre al ahora famoso pastelillo. A veces me preguntan quién fue primero y quién después: fuimos simultáneos. Asumí mi infancia de manera muy normal, no fue algo que cambiara la vida cotidiana. Sin embargo, cuando era yo pequeña y mis amigos iban a la casa, esperaban que les diéramos un Gansito o un Pingüino. Ahora sé que son dos mundos diferentes: uno es el negocio y otro mi mundo. Aunque, claro, siempre me gusta estar asociada con algo de calidad.

Respecto a mi postura de ser altruista, nació de manera natural. Primero seguí el ejemplo de mi familia. Mi padre es una persona sumamente generosa, él dice que no está mal hacer dinero, lo importante es qué haces con él y definir qué tanto de ese dinero que generas no lo haces para ti mismo sino para compartirlo. Esa filosofía siempre la hemos tenido en la familia. Por ello creamos la Fundación Sertull, AC con fines muy claros: proyectos de desarrollo, donde haya un proyecto que haga crecer a las personas y a los grupos sociales, financiamos aspiraciones solidarias, toda la familia está involucrada en ella.

En el Papalote Museo del Niño soy directora y pertenezco al patronato; soy presidenta del Instituto Nacional de Pediatría, del Bosque de Chapultepec y del Instituto de Fomento e Investigación Educativa (IFIE); formo parte de las fundaciones Walmart y Philip Morris; del Consejo Consultivo de UNICEF en México, del Patronato de la Universidad de las Américas, de Fundación Televisa y de la Unidad de Empresarios por la Tecnología Educativa (Unete).

En cada patronato donde estoy, siempre apoyo económicamente, es muy difícil que esté en algo y no aporte dinero. En cada campaña financiera del Papalote, mi esposo Fernando y yo hemos hecho donativos; en el Bosque de Chapultepec, en Pediatría, en Ver Bien, en UNICEF; es decir, uno tiene que dar el ejemplo y aportar recursos.

¿Lo tuyo tiene que ver con la política?
No, decidí quedarme del lado civil.
He recibido ofrecimientos para trabajar
en el gobierno mexicano y tomé
la decisión de no hacerlo. Estoy mejor
dentro de las asociaciones civiles,
creo que puedo servir de alguna manera,
pero desde el lado de la filantropía.

**¿Le das mantenimiento
a tu vida personal?**
Sí, trato de hacer ejercicio: hago
pilates siempre que puedo, juego golf
y me doy un poco de relax. Cuando ya
es necesario, paseo el fin de semana.

¿Qué te apasiona?
Estar con la gente, en los pueblos.
Una de mis grandes pasiones es viajar
por México, conocerlo cada vez más.

¿Te da tiempo de ser romántica?
¡Por supuesto! los fines de semana
viajamos y me desconecto.

GERMÁN DEHESA

¿Te consideras galán?
Sí, galán verbal.

¿Superstición?
Ninguna.

¿Dignidad?
La de mi país y la mía están unidas.

¿Cómo duermes?
De ladito, con muchas dificultades y con muchos sueños.

¿Mañas?
¡Muchas!... Soy muy mañoso, como todo hombre de edad avanzada.

¿Vicios?
Tabaco y alcohol.

¿Cualidades?
La lealtad, la amistad y el amor firme.

¿Infidelidad?
La que me motivan los libros o el fútbol.

¿Primera locura de amor?
Muy tarde, a los 23 años.

¿Frustración?
Ninguna, me cumplo cada día.
Si no doy más es porque no doy más.

¿Travesura?
Todas aquellas que el erotismo
me propone.

¿Impotencia sexual?
Es el punto de llegada en donde
ya no desembocarán los cuerpos
sino los espíritus.

¿Minifalda?
El logro del siglo xx.

¿Mujeres reprimidas?
Playas secretas, tesoros ocultos.

¿Sexo?
La gran fuerza de este mundo.

¿Qué te ruboriza?
La tontería ajena.

¿Cachondo?
Sí, en cualquiera de sus formas.

¿Doble moral?
Una pérdida de tiempo.

¿Te ha tocado bailar con la más fea?
Sí, pero ya bailando se convierte
en la más hermosa.

¿Qué te gusta tocar en una mujer?
Prácticamente todo.

¿Y oler?
¡Todo!...

¿Qué te critican?
Pues algo que llaman fama o éxito, que no busqué y que, bueno, llegó.

¿Eres duro de pelar?
Sí, no soy frontal, no soy barbero, sí soy hábil, escurridizo... soy irónico.

¿Epitafio?
Aquí ya sé.

JUANITO

Como en las historietas, Rafael Acosta, *Juanito*, pasó de ser un personaje ficticio a uno de los hombres más populares de la política mediática, no sólo en México sino que ha provocado el interés y el morbo en varios países. Sí, el activista político de Iztapalapa se convirtió en el más asediado por los medios, porque fue el único de los seguidores de AMLO que lo **chamaqueaó**, a la vista de todos. Sin haber pasado por la academia, y luego de prestarse a una farsa perversa planeada por Andrés Manuel López Obrador, Juanito se ha convertido en el clásico **Zoo Politicon**.

Fui un fenómeno que creció muy rápido. ¡Se siente padre que todo el mundo te reconozca en la calle y que se quieran tomar fotos conmigo. Hasta me han entrevistado periodistas de Francia, Alemania, Japón, China, Inglaterra y Canadá! Por eso no siento el desprecio de Andrés Manuel, porque el pueblo me ha dado todo su apoyo. Adonde quiera que voy me piden autógrafos y me saludan. En el proceso de la dichosa elección, me di cuenta de que me querían usar, mas no se imaginaron que **Juanito** no es como todos los que han aceptado sus condiciones, ¡no! **Juanito** es lo contrario y tiene un trabajo hecho de muchos años, no se deja manipular y menos ser el ¡títere de nadie!

¿Eres más inteligente que bonito?
¿Por qué? No soy guapo ni feo, pero sí agradable y simpático.

Debes de tener muchas pretendientas.
¡Eso sí! Me andan correteando, pero no me dejo atrapar. Llevo diez años de solterito. Imagínate que ahorita me deje... ¡no! Aparte, no estoy preparado para el matrimonio, tengo mucho trabajo.

No vayas a caer con una lagartona, ¿eh?
Exactamente... pero no, ahorita me la llevo tranquilo. Sí hay urgencia, pero esa urgencia tiene que aguantarse tantito.

¿Cuál sería la mujer ideal para tu primera dama?
Guapísima, inteligente y trabajadora.

¿Eres buen amante?
Antes sí, ahora me considero término medio. Además, hace muchos años que

no me he probado. Tú sabes, ya no soy
tan joven: tengo cincuenta años.

**Estás en la mejor etapa de tu vida.
¿No se te antoja?**
Shhh, ¡cómo nooo... es lo más bonito!

**Entonces, ¿cómo resuelves
tu vida sexual?**
Bañándome con agua fría.

¿Y no te gustaría bañarte con tu pareja?
¡Claro! Shhh, bañarnos y secarnos,
tallarnos y desvestirnos y vestirnos;
besarle sus orejitas bien rico. Shhh,
y más abajo recorrerle mi boquita
por todo su cuerpo... y mi lengüita;
¡Aaah!, recorrerle tooodo, tooodo.

¡Ah!, lengüita y todo.
Shhh, sí, es lo más rico: entregarse
abiertamente a tu pareja y poder
degustar todo; eso es lo más hermoso.

¿Por qué te limitas?
Tengo mucho trabajo.

**Entonces, ¿te haces justicia
por tu propia mano?**
Una vez sí, tuve un sueño
muy romántico y dije: "¡bueno!",
y pues ¡vaaa!

¿Qué te seduce de una mujer?
Shhh, su ropa íntima.
Me gusta que cuando use vestido
o falda, se ponga liguero.

¡Aaah!, es lo más coqueto en una mujer.
Me llaman la atención los **bikinis**
o sus coordinados... muy acá, ¿no?,
de color rojo o negro, ¡shhh!,
pero muy llamativos.

JOSÉ RAMÓN FERNÁNDEZ

¿Qué piensas de la política?
Ojalá que se manejara limpiamente en nuestro país, sería mejor. Todo mundo se queja de los políticos: los políticos hablan más de la cuenta, dicen cosas que no cumplen... tantas cosas comprobadas que pasan en la política y seguirán pasando.

¿Te gustaría tener un puesto deportivo en el gobierno?
No, ya me lo han ofrecido. No lo he aceptado ni lo aceptaría.

¿Tienes muchos enemigos?
Y amigos también. Pero, ¿por qué habría de tenerlos? Los enemigos los tienen los narcotraficantes, la gente que hace mal...

¿Quién es el mejor cronista de futbol?
No sé, no lo conozco.

¿Y el conductor?
Tampoco lo sé.

¿Cómo te consideras?
Me considero un tipo trabajador, con estudios, con experiencia, con mucho tacto y con mucho periodismo...

¿Raúl Orvañanos?
Nada.

¿Carlos Albert?
Compañero.

¿Cuauhtémoc Blanco?
Jugador de futbol.

¿Hugo Sánchez?
Un buen jugador de futbol.

¿Eres el mejor periodista deportivo?
No, probablemente soy el más preparado.

¿Quién sería el peor?
Hay muchos, gran cantidad de mal preparados. Bien preparados serían los que han estudiado, quienes tienen una carrera universitaria, alguna maestría o diplomado, que se han cultivado de verdad.

¿Quién tendría esas características?
Yo.

Entonces, ¿eres el mejor?
Trato de serlo. Es muy difícil afirmarlo, tendría que decirlo otra gente. Confío en Dios y tan confío, que hace poco me brincó un toro de 530 kilos llamado

Pajarito. Dije: "Dios existe, pasó al lado mío y afortunadamente nada más me dio un pisotón"...

Y, ¿qué sentiste?
¿Qué sentí qué?, ¿con **Pajarito**?
¿Qué sientes tú con el pajarito?

Veo que eres simpático.
¡Ja, ja, ja!... Claro que soy simpático.
¿Qué sentí con **Pajarito**?
Pues miedo, terror.

¿Eres todo lo que termina en "on"?
¿Cabrón? No... ¿por qué?

¿Cachondón?
A lo mejor simpático, no sé.

¿Enojón?
Sí, tengo fama de eso.

¿Sangrón?
No, soy comunicador. Imagínate un comunicador que no comunique.

¿Groserón?
No, soy seco o cortante a veces.

¿Comes camotes?
No, soy de Puebla, pero no los he probado.

¿Crees que caes bien siempre?
No, no soy monedita de oro para caerle bien a nadie.

¿Y si te digo que normalmente no caes bien?
¡No pasa nada! ¿A ti te caigo bien?

Sí.
Entonces, con eso tengo suficiente.

¿Eres católico?
Soy un creyente de Dios.

¿No tienes pelos en la lengua?
Ni tampoco en la cabeza.

¿Por qué no te gusta el socialité?
¡No!, eso se lo dejo a los borrachos...

Confesiones osadas, de Yazmín Alessandrini,

se terminó de imprimir en agosto de 2010 en

Worldcolor Querétaro, S.A. de C.V. Fracc. Agro Industrial La Cruz

El Marqués, Querétaro México